山田全自動の落語でござる

山田全自動

辰巳出版

もくじ

はじめに

みなさんは落語にどういうイメージをお持ちですか？
山田全自動
難しそう
敷居が高い
こんな感じでしょうか？
実は、僕も最初はそうでした
どうせシロートには理解できないんでしょ…
でも、今は音楽みたいなものだと思っています
たとえば、全然知らない曲ばかりのライブに行ったら
イマイチのれない…
あんまり楽しめませんよね？
逆に、知っている曲ばかりだとどうでしょう
キタ〜！これこれ〜!!
ワァ〜〜
とても盛り上がれると思います
落語もこれと似たように、知っているものほど盛り上がれる傾向にあります
わっはっはっ

…と言うと、
イヤイヤ、オチを知ってる話を聴いて何が面白いの？
？？
と思うかもしれません…
あえて断言します…
落語はオチを知ってても楽しい！
むしろ、どんどんネタバレしろ
な、なんだってエー！
僕が最初に持っていた落語の盛り上がりのイメージはこんな感じでした
オチで一番盛り上がるって感じですね
盛り上がり
始
オチ
うんうん
でも、実際はこうです
最後がピークではなく、アップダウンしながら進行していきます
盛り上がり
始
オチ
つまり、落語はどういうオチになるのかだけを楽しむものではないってことがわかったんです
へぇ〜

このことを知らないと…
オチで一体、どんなふうに爆笑させてくれるんだ？
ワクワク
よくわからないダジャレがオチになったりして
は？さんざん引っ張ってコレ!?
…となってしまいます
これは、曲の歌詞が「最後どうなるか」に重きを置くものではないのと似ていると思います
なんだこの曲！オチがないぞ！
CD
とはなりませんよね
音楽は、「サビのメロディが好き、歌詞にキュンとする、ハモリがキレイ…」みたいな楽しみ方をすると思います
落語もそんな感じで、途中途中に楽しい部分が詰まっています
ハハハ
なので、オチを知っていても問題ではないんです
むしろ、内容を知ってたほうが歌のような感覚で楽しめちゃうんですよ

落語は音楽のように気軽に聴くといいと思うんです
意味を一〇〇％理解しようとしなくていいし
話がわからなくなったら途中でやめてもいい
悩むの
NG
う〜ん…
投げ出し
OK
落語CD
「なんだかよくわからないけど、あの部分の言い回しが好きだな〜」くらいの楽しみ方でもいいと僕は思います
「がまの油」の売り口上とかぜひ聴いてみてね
そうやって聴いていると、ある日突然、
あれ？ なんかすごく面白いかも！
とハマる日がきっと来ます
最初は美味しさがわからなかったウニとか数の子が突然美味しく感じるように…
落語CD
この本では、落語の世界や物語をわかりやすく知ってもらえるように漫画にしてみました
ぜひ、音楽を聴くような感覚で気楽に楽しんでもらえると嬉しいです！
そして、実際に落語も聴いてみてね

芝浜《しばはま》
この人ったら仕事も行かず酒ばっかり飲んで…
ZZZZ
仕事行け〜〜っ！
ビクッ
はいっ！行ってきます！
…って市場に来てみたけどまだ開いてないじゃねぇか…
魚市場 OPEN AM 5：30〜
芝の浜で待っとくか…
ん？
こ…これは…財布……
ゴクリ…
しかもズッシリ重い
………
キョロキョロ
ドキドキ

あらすじ

魚行商人の勝五郎は、大酒飲みで仕事に身が入らない。その日も女房に叩き起こされて、しぶしぶ魚河岸へ行ったが、そこで大金が入った財布を拾う。すぐさま自宅に戻り、仲間を呼んでドンチャン騒ぎ。ところが翌朝、女房から一喝され、財布の一件は夢だったと思い込み、散財を後悔する。それから、勝五郎は酒を断って仕事に精進し、３年後には自分の店を構えるまでに。その年の大晦日、女房から真相を明かされた勝五郎。差し出された財布を前に、久しぶりの酒を勧められたが、女房の胸中を知って「また夢になるといけねぇ」と一言。

おいっ！とんでもないものを拾ったぞ！
ガラッ
えっ？
なんと四十二両入った財布！
ドン
この金で当分遊んで暮らせるぞ〜〜！
ヒャッハ〜〜
みんな今夜は好きなだけ飲んでくれ！全部オレのおごりだ！
いいぞ〜
ハハハハハハ
ワハハハハハ
ハハハ

主な演者

古今亭志ん朝
三代目桂三木助
五代目三遊亭圓楽
立川談志

主な登場人物

勝五郎
女房

舞台設定

自宅
魚河岸

翌朝…
あんた！早く起きなって
んん……？
ゆさ
ゆさ
いつまでも寝てないで仕事行きな！
し…、仕事？あの財布の金があれば仕事なんてしなくてもいいだろ…？
はぁ？財布？寝ぼけたこと言ってないで早く行け〜！
ビクッ
はいっ！行ってきます！
な〜んだ…あの財布は夢だったのか…
もういい加減マジメに働くか…
ハァ…
それから三年後…彼は酒もやめてマジメに仕事をし、自分の店を構えた
らっしゃい
らっしゃい
イオンより安いよ〜！
魚

落語の演目としてはあまり多くない、心温まるハッピーエンド。比較的長尺で、名人でも演じるのが難しいといわれる演目のひとつでもあります。女房の機転の利いた嘘が頼もしく、勝五郎が真に更生できたことを強調するオチの一言にグッときます。舞台となった場所は、現在の「高輪ゲートウェイ駅」付近。駅名の公募では「芝浜駅」が公募数３位だったのだとか。

聴きどころ

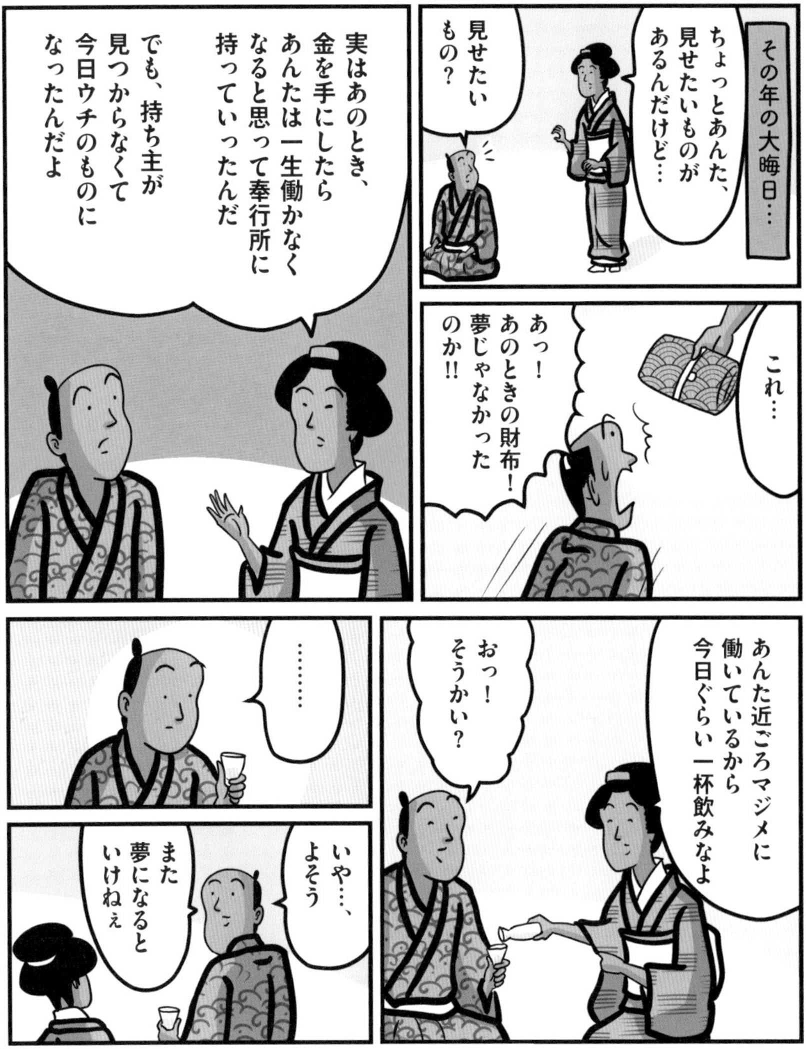
その年の大晦日…
ちょっとあんた、見せたいものがあるんだけど…
見せたいもの？
これ…
あっ！あのときの財布！夢じゃなかったのか!!
実はあのとき、金を手にしたらあんたは一生働かなくなると思って奉行所に持っていったんだ
でも、持ち主が見つからなくて今日ウチのものになったんだよ
あんた近ごろマジメに働いているから今日ぐらい一杯飲みなよ
おっ！そうかい？
………
いや…、よそう
また夢になるといけねぇ

CD
落語名人会 14
古今亭志ん朝 6「芝浜」「百川」
（ソニー・ミュージックレコーズ）

芝浜
百川
古今亭志ん朝

この演目はこの名人がオススメ！

古今亭志ん朝は、ストーリー展開がわかりやすく、初心者にもオススメの演者のひとり。とくに女性の演じ方には独特の色気があり、聴き入ってしまいます。

素材提供：ソニー・ミュージックダイレクト

饅頭こわい《まんじゅうこわい》

オレ蛇が怖いな…
確かにあれは怖いな
わかるわかる
オレは蜘蛛が怖いな
あの足がゾッとする
ボクはトカゲかな
うんうん、あれも怖いな〜
ず〜ん
みんなそんなものが怖いのか情けないなぁ
じゃあ松、お前は怖いものはないのか？
松
実はオレ、饅頭が怖い……
はっ？饅頭…？

あらすじ

若い衆が集まって馬鹿話をしている。「世の中で怖いものは？」と１人が問いかけると、「蛇が怖い」「オレは蜘蛛」「ボクはトカゲ」などと口々に言う。その中で、松だけは「怖いものはない」と豪語するが、「実は饅頭が怖い」とポツリ。仲間はあっけにとられながらも、高慢ちきな松をこらしめることに。隣の部屋に松を饅頭と一緒に閉じ込めると、狙いどおり「怖い！」の悲鳴。ところが、部屋をのぞくと、松は饅頭を美味そうにパクついている。まんまと騙された仲間が「本当は何が怖いんだ？」と詰め寄ると、「今は渋いお茶が怖い」とニヤリ。

主な演者

五代目柳家小さん
五代目古今亭志ん生
二代目桂枝雀

主な登場人物

松
若い衆

舞台設定

長屋

そうだ！饅頭と一緒に部屋に閉じ込めてやろうぜ！
そいつは面白そうだ！
ヒヒヒヒ
ぷぷぷ
そ〜〜…
ブルブル
バタン
ぎゃあああ
怖いいいいい
ハハハハハハ

若手の落語家さんが演じることの多い前座噺で、とても人気がある演目です。噺の途中までは、「ほんとうに饅頭が怖い人なのでは？」と思ってしまいますが、最後に松の作戦だったとわかり、思わず笑みがこぼれます。松が饅頭を怖がる場面は、落語家さんによって、泣いたり、叫んだりと怖がり方が違うので、聴き比べてみるのも面白いですよ。

聴きどころ

そ〜〜〜
怖〜い 怖〜い 饅頭怖い〜
あっ!
怖い怖い あ〜 怖いな〜♪
パク パク
コイツ 騙し やがった な!
本当は何が 怖いんだ
モグモグ
モグモグ
そうだなぁ〜
今は、渋〜い お茶が怖い!

落語あるある 其の一

貧乏だけど
みんな助け合って
楽しそうで
ほっこり

目黒のさんま

めぐろのさんま

目黒にて…
家来
殿
パカッ
パカッ
パカッ
いや〜なんかお腹空いたな〜
しかし殿、今日は弁当の準備はしておらず…
ん？なんだ？この美味そうなにおいは…
クンクン
プ〜ン
これはサンマですな…
食べてみたい！
殿、いけませぬ！あのような下魚《げうお》は高貴な方が口にするものではありません

あらすじ

早朝から、鷹狩りに出かけた殿様。昼時を過ぎて空腹を覚えたところへ、近くの農家からサンマを焼く香りが漂ってくる。食欲をそそられ、百姓から買い上げたサンマの塩焼きを食べる。それ以来、サンマの虜になった殿様。しかし、大衆魚のサンマが大名の食膳にのぼることはない。そんなある日、殿様は思いがけず、親戚の集まりでサンマを所望することに。ところが、出されたのは脂も小骨も抜かれた、味気ない一品。不審に思った殿様が、仕入先を尋ねると「日本橋の魚河岸」との返事。殿様は得意げに「それはいかん。サンマは目黒に限る」。

食べたい！食べたい！いいから持ってくるのだ！
わ…わかりましたあの者より買ってまいります
殿、サンマでございます
おお！
これは美味いっ！
パアァァァァ
殿…このような魚を口にしたことはどうか口外なさらないように…
大丈夫！わかっておる！

主な演者

三代目三遊亭金馬
林家彦六（八代目林家正蔵）
十代目金原亭馬生
柳家喜多八

主な登場人物

殿様
家来

舞台設定

目黒の山
大名屋敷

しかし、殿様は目黒で食べたサンマの味が忘れられないでいた
美味しかったな…あのサンマという魚…
そんなある日のこと…
殿、今日は何でも好きな料理を準備しますので
えっ！ホント？じゃあ、サンマが食べたい！
板前！大至急最高級のサンマを用意するのだ！殿のリクエストだ
えっ？サンマですか!?殿様なのに…？
う〜ん脂っこいサンマは殿の口にあわないだろうから脂抜きしよう
小骨も全部取っておくか…
骨を取ったら形が崩れたからつみれにしちゃえ

聴きどころ

殿様が初めて食べたサンマは、網などを使わずに炭火で直接焼くというワイルドな「隠亡焼き」。その場面を聴くと、無性にサンマが食べたくなります。サンマが海からは遠い目黒の名物だと思っている、殿様の世間知らずな感じも実にかわいらしい。この演目にちなみ、目黒では「目黒のさんま祭り」が毎年開催され、焼きサンマが無料でふるまわれています。

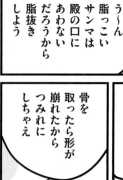

殿、お召し上がりください
ん…？これサンマ？
なんか違うなぁ…パサパサだし…
このサンマはどこで仕入れた？
日本橋の魚河岸でございます
そりゃイカン！サンマは目黒に限る！
!?

この演目はこの名人がオススメ！

NHK 落語名人選 100（16）
三代目 三遊亭金馬
「目黒のさんま」
（ユニバーサル ミュージック）

『目黒のさんま』といえばこの人といわれるほど、三代目三遊亭金馬が得意とした演目。はきはきとした語り口で聴きやすく、焼きたてのサンマの描写は実に美味しそう！

目黒のさんま
三遊亭
金馬
NHK落語名人選一〇〇
16

寿限無《じゅげむ》
和尚さ〜ん
産まれました
ドタドタ
おぉ！
こりゃ立派な
男の子じゃな！
名前をつけて
ください！
バシッとイケてるヤツを
そうじゃな
長生きしそうな
名前を考えよう
「鶴吉」はどうじゃ？
縁起のよい
名前じゃろ？
う〜ん、なんか
普通ですね…
もっとインパクトの
あるやつがいいかな…
じゃあ「寿限無《じゅげむ》」
ってのはどうだ？
〝寿限り無し〟で
めでたいぞ
う〜ん…
なんかほかに
ありません？

あらすじ

生まれた男の子に名前を付けるため、和尚に相談する父親。すると、「寿限無」をはじめとして、縁起がいい言葉をいくつも教えられる。どれにするか迷ったすえ、全部つなげて「寿限無 寿限無…」をわが子の名前に。命名のおかげか、男の子はすくすく成長して、わんぱく小僧になる。ある日、父は息子の友だちから「寿限無…にぶたれてコブができた」と聞かされる。コブを確かめようとする父。ところが、どこにも見当たらない。友だちは「もう引っ込んじゃったよ」。2人のやりとりでは、「寿限無…」の長〜い名前が何度も繰り返されていた。

「五劫《ごこう》のすり切《き》れ」は？
"永久に近い長いとき"を意味するぞ
う〜ん…
海砂利水魚《かいじゃりすいぎょ》
数が限りないたとえじゃ
う〜ん…
水行末雲来末風来末《すいぎょうまつうんらいまつふうらいまつ》
行く末が果てしなく…
う〜ん…
食う寝るところに住むところ
生活に困らないってことで…
う〜ん…
ヤブラコウジのブラコウジ
生命力豊かな木だぞ
う〜ん…
長久命《ちょうきゅうめい》
長生き！
ハアハア
う〜ん…
ワシなら「長助」と名付けるぞ…
長く助けるってことだ
う〜ん…
逆にシンプルパターンね…
パイポ・パイポ・パイポのシューリンガン、シューリンガンのグーリンダイ、グーリンダイのポンポコピーのポンポコナー
意味はググれ！
う〜ん…
う〜ん
……

主な演者

柳家花緑
林家彦六（八代目林家正蔵）
三代目桂春団治
柳家喬太郎

主な登場人物

寿限無の父
和尚
寿限無
寿限無の友だち（金坊）

舞台設定

自宅
寺

とても有名で人気のある演目のひとつ。「寿限無〜」の名前の一部がゲームや漫画のキャラクター名として使われたり、このネタや名前を元にした創作物もたくさんあります。最初にこの演目を覚えさせられたという落語家さんも多いそうです。落語家さんが「寿限無〜」と名前をスラスラ言っているので、自分でも挑戦してみましたがムリでした…。

落語あるある 其の二

え〜っと…じゅげむじゅげむごこうの…

「寿限無〜」の名前を覚えられるかチャレンジしてみる

皿屋敷《さらやしき》

幽霊の出る井戸の話知ってる？
えっ？何それ？
十枚ある家宝の皿を一枚なくしたと言いがかりをつけられて殺されたお菊という女がいたんだって
そのお菊の死体が捨てられた井戸があるらしいんだけど、その井戸からお菊の霊が出て一枚…、二枚…、三枚……と皿の枚数を数えてるらしい
で、九枚まで数えるのを見てしまうと死んじまうって噂だ…
怖～！
怖いけどちょっと見てみたくない？
わくわく
ぞくぞく
うん、興味ある！九枚数える前に逃げれば大丈夫だよね

あらすじ

『番町皿屋敷』の怪談で知られる女中・お菊。その幽霊を見ようと、八五郎たちは廃屋敷に出かけていく。はたして井戸から幽霊があらわれ、「1枚、2枚……」と皿を数えはじめる。“「9枚」の声を聞くと死ぬ”といわれているので、八五郎たちはその前に逃げ帰った。お菊の幽霊は怖いが、すごい美人。その噂はまたたく間に広がり見物人が急増、周辺には屋台も並ぶように。ある日、見物人が押し合いへし合いする中、皿の数は9枚を超えるが、不気味なことは起きない。いぶかしく思う見物人をよそに、お菊は「明日お盆休みだから、今日は2日分」とタレント気取り。

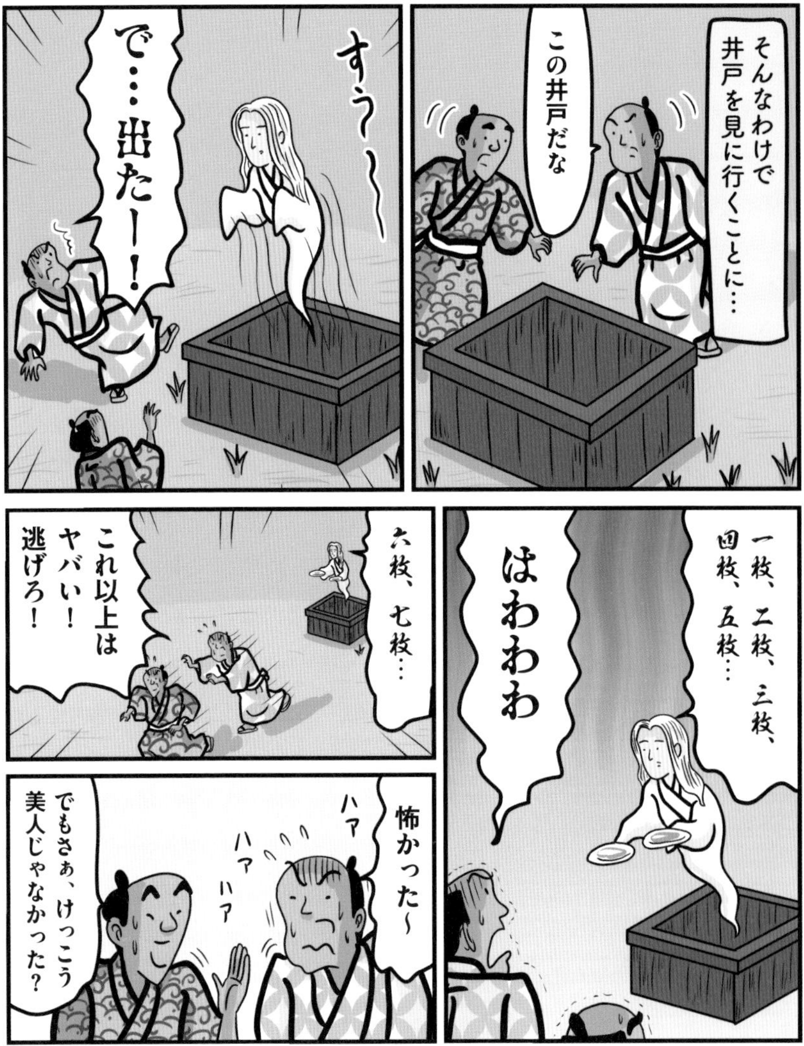
そんなわけで井戸を見に行くことに…
この井戸だな
すう〜〜
で…出たー!
一枚、二枚、三枚、四枚、五枚…
はわわわ
六枚、七枚…
これ以上はヤバい!逃げろ!
怖かった〜
ハァ
ハァ
ハァ
でもさぁ、けっこう美人じゃなかった?

主な演者

六代目三遊亭圓生
二代目桂枝雀
三代目桂春団治
春風亭小朝

主な登場人物

八五郎
見物人
お菊

舞台設定

番町の廃屋敷
芝居小屋

お菊が美人だという噂はまたたく間に広がり、日に日に見物人が増えていった
おぉ〜〜
ついに関連ショップまでたち、一帯は連日お祭りのように
ガヤ
ガヤ
お菊も大好き☆タピオカ
お菊まんじゅう
キーホルダー Tシャツ ステッカー
物販コーナー
ワイ
ワイ
ワイ
ワイ
ひんやりうまいお菊アイス
お菊の皿プレートランチ
え〜、ではお待ちかねお菊さんの登場で〜す！
すぅ〜〜
パチパチ
パチパチ
ワ〜ワ〜
一枚、二枚、三枚…
よっ！今日も美しいね！
日本一！
五枚、六枚
よし！みんなそろそろ逃げるぞ〜

元が怪談噺なので怖いイメージですが、落語ではエンタメ感のある不思議な話が展開します。幽霊のお菊がアイドル的になっていく描写は、落語家さんによってかなりアレンジに違いがあり、お菊にマネージャーがいたり、チケット販売や追加公演があったりと、いろんなパターンが楽しめます。ここまでチャーミングな幽霊というのも珍しいですね。

聴きどころ

七枚、八枚…
ギュウ
わ…わぁ…人が多すぎて逃げられない！
ギュウ
ギュウ
九枚！
ヒィッ～！
十枚、十一枚、十二枚、十三枚、十四枚
えっ？
えっ？
えっ？
ザワ
ザワ
ザワ
ザワ
ザワ
？
？
？
？
十五枚、十六…
んっ？
あ…あの～お皿の数が多くないですか…？
あっ！明日はお盆休みだから、今日は二日分数えますネ♡

落語あるある 其の三
ゆ、幽霊！
まあいいや
幽霊を受け入れるのが早い

落語用語いろいろ

らくごか【落語家】

落語を演じるプロの芸人。さまざまな登場人物を１人で演じ分け、最後に落ち（オチ）がつく噺を身振り手振りで繰り広げます。伝統を重んじて、「噺家」（はなしか）と呼ばれることも。

しんうち【真打】

二つ目になって8～10年ほどすると、師匠などの判断で真打に昇進します。「師匠」と呼ばれ、弟子をとることも可能。

ふたつめ【二つ目】

入門3～5年くらいで前座から二つ目に昇進。雑用から解放され、プロとして人前で落語ができるようになります。

ぜんざ【前座】

師匠に入門を許された落語家の卵。師匠宅の家事や楽屋での下働きをしながら、「前座噺」を演じることができます。

かぜ【風】

落語の小道具として使う「扇子」のこと。畳んだ状態では箸、筆、刀、槍、傘などを表し、広げると手紙やお盆に早変わり。床を叩いて、「音をつくる」道具として利用することも。

まんだら【まんだら】

これも落語の小道具で「手拭い」を指します。普段は着物の懐にしまっていますが、取り出すと、財布や手紙、煙草入れに。何にでも化けることから、この呼称がついています。

こうざ【高座】

寄席で落語や講談などが行われる舞台のことで、一段高くなっています。語源は、僧侶が説教するときに設けられた台。現在は、芸を披露するステージそのものも指しています。

かみて・しもて【上手・下手】

客席から見て右側が「上手」、左側が「下手」。落語家は常に上手と下手を意識し、年長者や身分の高い目上の人は上手、目下の人は下手にいるという設定で演じ分けています。

でばやし【出囃子】

落語家が高座に上がる際に流れるテーマソング。三味線や太鼓、笛などで演奏される楽曲です。

まくら【まくら】

落語に入る前の前フリ。演目に関連する小噺や時事ネタ、落語を楽しむための予備知識など。

おち【落ち】

落語をしめくくる最後のセリフ。「さげ」ともいい、多くのバリエーションで観客を楽しませます。

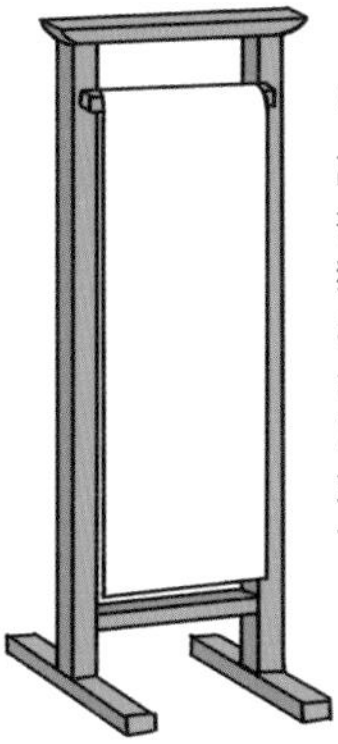

めくり【めくり】

高座で出演者の名前が書かれている紙の札。独特の書体が使われており、情緒と粋を感じさせます。出演順に綴じられており、芸人の交代に合わせてめくっていきます。

ねたちょう【根多帳】

楽屋に置いてある帳面で、その日に演じられる落語の題名（演目）が書かれています。落語家は必ずこれに目を通して、噺の内容が重複しないように自分の演目を決めます。

とり【とり】

寄席をはじめとする興行で、最後に演じる落語家のこと。一般的に実力と人気を兼ね備えた真打が務めます。興行の総責任者という意味合いから、「主任」とも呼ばれます。

酢豆腐《すどうふ》

一杯やろうぜ
なんかつまみある?
昨日買った豆腐があるよ
ネズミがかじらないように釜に隠してたんだ
パカッ
プ〜ン
いや、これ腐ってるじゃねぇか!
釜なんかに入れるから…
こりゃあ食べられねぇな…
オエッ
プ〜ン
あっ、若旦那だ
あ、ホントだ
若旦那…? そうだ!
ちょっとコレでイタズラしようぜ

あらすじ

若い衆が集まり、暑気払いに一杯やろうと相談している。しかし、金がない。酒はなんとか調達したものの、つまみがない。あれこれと策を練る中で、豆腐を買ってあったことを思い出したが、それも腐らせてしまっていた。落胆する一同。そのとき、キザで嫌味な若旦那が通りかかる。若い衆は若旦那をおだてて、この豆腐を食わせることに。知ったかぶりの若旦那は、舶来品と紹介された酸っぱい豆腐を「酢豆腐」と呼び、ひとかけらを口に運ぶ。しかし、それが限界。二口目を勧められると「いや、酢豆腐は一口に限ります」。

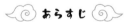

主な演者

八代目桂文楽
三代目古今亭志ん朝
六代目三遊亭圓生
十代目金原亭馬生

主な登場人物

若い衆
伊勢屋の若旦那

舞台設定

長屋など

これは
す、酢豆腐さ！
酢豆腐？どうやって食べるんですか
た、確か…生で食べるんだよ
通はそうするのさ
ちょっと食べ方見せてくださいよ
えっ…？
グイッ
も、もちろんさ…！
ハアハア
ぱくっ…

若い衆の少々やりすぎなイタズラにヒヤヒヤする演目です。知ったかぶりキャラの若旦那は、現代にも通じる嫌味な男といったところ。自分自身をへりくだって「セツ（拙）」と言ったりする、若旦那の話し口調もキザでおかしい。『酢豆腐』を改作した上方落語の『ちりとてちん』も、知ったかぶりの男に腐った豆腐を食べさせる噺。聴き比べてみると面白いですよ。

聴きどころ

う…美味いねぇ!
久々食べた〜懐かし〜
懐かしくて涙が…
ツ〜ン
そうですか!美味いですか!じゃあもっと食べてくださいよ
ぷぷっ!
いや、酢豆腐は一口に限ります!

CD
〈COLEZO! TWIN〉
八代目 桂文樂 セレクト
(日本伝統文化振興財団)

洗練された芸風の名人・八代目桂文楽。酢豆腐は食べたくないですが、甘納豆を食べるシーンのある『明烏』(P102)を桂文楽が演じると、売店の甘納豆が売り切れたとか。

素材提供:日本伝統文化振興財団

八代目
桂文楽
セレクト

この演目はこの名人がオススメ!

あらすじ

深夜、屋台のそば屋に立ち寄る男。看板や割り箸を称賛し、出汁の香りや麺のコシ、具の大きさを褒めちぎる。食べ終えると、一文銭を店主の手の上で数えながら、代金の 16 文を払っていく。「1、2…8」まで数えたところで「今何時だい?」。店主は答えて「9つ」。すると男は「10、11…16」と勘定を 1 文ごまかして立ち去る。この様子を見ていたもう 1 人の客は、男の手口に感心。翌日、別のそば屋で真似をする。ところが、まずいそばを食わされ、早々に勘定。「…8」「今何時だい?」「4つ」「5、6…」。カウントが戻ってしまい、余計に支払うはめに。

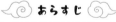

美味かった！　必ずまた食べにくるぞ！　いくらだい？
十六文になります
では一、二、三、四、五、六、七、八…
あっ！　ところで今何時《なんどき》だい？
九つです
※九つ…午前0時くらい
そうか…じゃあ
十、十一、十二、十三、十四、十五、十六文ね
じゃ、ごちそうさん
ありがとうございました〜

主な演者

五代目柳家小さん
十代目柳家小三治
六代目春風亭柳橋
五代目古今亭志ん生

主な登場人物

そば屋の客
（悪賢い客、愚かな客）
そば屋の店主
（うまいそば屋、まずいそば屋）

舞台設定

そば屋

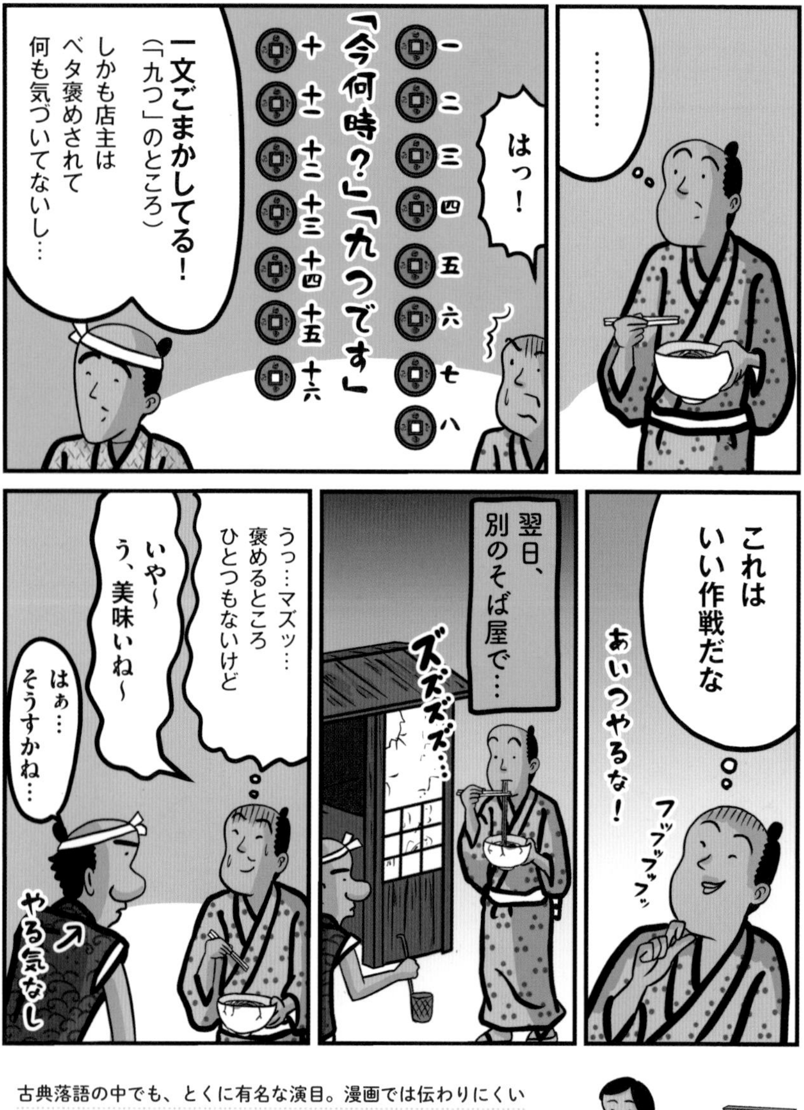
………
はっ！
一 二 三 四 五 六 七 八
「今何時？」「九つです」
十 十一 十二 十三 十四 十五 十六
一文ごまかしてる！
（「九つ」のところ）
しかも店主は
ベタ褒めされて
何も気づいてないし…
これは
いい作戦だな
あいつやるな！
フッフッフッフッ
翌日、
別のそば屋で…
ズズズズズ…
うっ…マズッ…
褒めるところ
ひとつもないけど
いや～
う、美味いね～
はぁ…
そうすかね…
やる気なし

古典落語の中でも、とくに有名な演目。漫画では伝わりにくいのですが、お金を数えるシーンは、実際の落語ではかなりリズミカルにテンポよく行われます。そば屋が舞台なので、もちろん、そばをすする表現も聴きどころです。あらすじだけでも十分面白いのですが、ぜひ実際に聴いてもらいたい演目です。上方落語の『時うどん』が原型とされています。

聴きどころ

オエッ…
もうムリ…
いくらだい？
十六文です
一、二、三、
四、五、六、
七、八…
ところで
今何時だい？
ドキドキ
四つです
※四つ…午後10時くらい
そうかい、では
五、六、七、八、九、十、
十一、十二、十三、
十四、十五、十六！
……
まいど
はっ！
余計に
払っちゃった…

落語あるある
其の四
グゥ〜
食べ物の
ネタを聴くと
お腹が
空いてくる

道具屋《どうぐや》
与太郎
伯父
与太郎、お前いつまでも遊んでないで仕事しろ
ええ～
わしが副業でやってる商売があるからそれをやってみろ
「ど」がつく商売でしょ
おぉ、よく知ってるな
うん、「泥棒」でしょ
違う！道具屋だ！
そんなわけで与太郎は道具屋の仕事をすることになった
ボケ～～ッ

あらすじ

定職に就いていない与太郎は、伯父に呼ばれ、道具屋を継ぐことになる。しかし、客と話が噛み合わない。客が「ノコを見せてくれ」と言えば、「タケノコ？」と応じ、ノコギリを吟味している客が「焼きが甘い」と指摘すれば、「火事場で拾ってきた」と反論。冷やかし客を指す業界用語“ションベン”の乱用で客を怒らせたり、刀を探す客に鞘が抜けない木刀を渡したりする。「抜けるやつはないのか？」という注文には、首が抜けるお雛様を差し出す。この噺には、いわゆるダジャレ落ちがいくつもあり、バリエーション豊富。

おい兄ちゃん！そのノコを見せてくれ！
はぁ？タケノコ…？
違うよ！ノコギリだ！
う〜ん…こりゃ焼きが甘いな…
※焼き…刃物の切れ味をよくするために、赤く熱して水に入れること
そんなわけないよ！叔父さんが火事場で拾ってきたやつだから
しっかり焼けてるよ
はっ？
ションベンされたな
ションベン？
とんでもないモノを売ってる店だな
あっ！帰っちゃった…
見るだけで買わない客を業界用語で「ションベン」って言うんだ
へぇ〜

主な演者

五代目柳家小さん
四代目春風亭柳好
柳家三三

主な登場人物

与太郎
与太郎の伯父
客

舞台設定

与太郎の伯父の家
露店
（路上の道具屋）

おい、そこのモモヒキ見せてくれ
お客さん、ションベンはダメですよ
はっ？
ションベン禁止！
このモモヒキションベンできません！
履くと小便できなくなるモモヒキなんか売るな！
おかしな店だ！
おい、この刀抜けないぞ
ちょっとそっち持ってくれ

「ショートコント」のような感じの、短いネタのオムニバス的な演目。与太郎のおバカキャラを存分に堪能できる噺のひとつです。落語家さんによって盛り込むエピソードが違うので、誰が演じるかで内容はかなり違ってきます。短いネタの組み合わせなので、短くすることも長くすることも可能で、時間調整が必要なときに重宝される演目だとか。

聴きどころ

うおおお
おおお
じじじじ
じじじ
ダ、ダメだ
抜けねぇ
はぁ
はぁ
そりゃ
抜けませんよ
えっ？
どういう
ことだ？
これ
木刀ですから
はぁ？
先に言えよ！
ちゃんと抜ける
やつはない
のかよ!?
ありますよ！
お雛様の首の
抜けるやつが
ポンッ

落語あるある
其の五
ずら〜〜っ
寄席で
中入り（休憩時間）
になると
トイレに行列

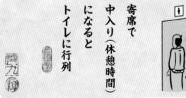

粗忽長屋《そこつながや》
浅草
八五郎
ザワ ザワ
ザワ
ん？
これ何の騒ぎですか？
ああ、死体だよ
行き倒れらしい
ちょいと失礼…
かきわけ
かきわけ
あっ！

あらすじ

浅草の観音様へ詣でた八五郎は、行き倒れの現場に遭遇。前夜から放置されていた死体を見て、同じ長屋の熊五郎だと断言する。ただ、熊五郎は今朝まで元気だったという。真相を確かめるため、八五郎は熊五郎本人を連れてくることに。長屋へ引き返した八五郎は、目の前の熊五郎に向かって「お前が死んでいる！」と告げる。事情がよく飲み込めない熊五郎だが、ともかく八五郎とともに浅草寺へ。「自分の死体」と対面した熊五郎は、「死体を運んでいる僕は一体誰⁉」とパニックに。八五郎と熊五郎、並はずれてそそっかしい２人のドタバタ劇。

これは！熊五郎！
知り合いか？
はい！同じ長屋の隣のヤツです！
今朝話したときは元気だったんですが…
今朝？
じゃあ別人だな この死体は昨日の夜からここにあるんだ
でもこいつは間違いなく熊五郎です！
いや…だから今朝話したのなら別人だって！昨日の夜からある死体なんだから…
わかりました！じゃあ熊五郎を連れてきます！絶対本人ですから！本人に証明させます!!
えっ？ ちょっ…本人に…？どゆこと？

主な演者

五代目柳家小さん
五代目古今亭志ん生
立川談志

主な登場人物

八五郎
熊五郎
野次馬たち

舞台設定

浅草寺
長屋

おい熊五郎！
大変だ！
お前が死んでる！
八五郎、なんだよ急に
はっ!?
お前昨日の夜どこに行ってた？
昨日は…吉原に行って、その後酒を飲んで…浅草あたりからおぼえてない…
たくさん酒飲んだし
ほらみろ！お前は自分が死んだことに気づかずに帰ってきたんだ！
お前はもう死んでいる
とにかく死体を回収しに行くぞ！
えっ？ええっ!?

今でいう「シュールネタ」のような演目。最初は自分が死んでいることを疑っていた熊五郎が、八五郎の説明を聞くうちに徐々に「本当かも…」と信じそうになる、この2人のやりとりがとても面白い。〝粗忽〟とはせっかちな人、そそかっしい人のことで、「粗忽者」が登場する古典落語には、『粗忽の釘』や『粗忽の使者』などの演目もあります。

聴きどころ

ほら！お前の死体！
はわわわわ…でも僕こんなに顔長かったっけ…？
死んだからのびたんだよ！ほら！この死体持って帰るぞ！
うん…
みなさん僕の死体がお騒がせしました
こんな場所で死んでしまい申し訳ありません
えっ？この死体が僕だよね？
じゃあ死体運んでる僕は一体誰!?

落語あるある 其の六

ハハハハ

死体を雑に扱いがち

青菜《あおな》

植木屋さん、今日は仕事は終わりにしてウチで一杯飲んでいかないかい？
ありがとうございます！ぜひ！
いや～酒もこの鯉の洗いもおいしいですね～
そうだ！口直しに青菜でも食べよう
奥や！奥！青菜を出しとくれ！
旦那さま、鞍馬《くらま》から牛若丸《うしわかまる》が出《い》でまして、名《な》を九郎判官《くろうはんがん》…
そうかい、それじゃ義経《よしつね》にしとこう
？

あらすじ

夏の夕方、お屋敷の旦那は、ひと仕事終わらせた植木屋をねぎらい、鯉の洗いを肴に酒をふるまう。しばらくして、口直しに青菜を用意させる。ところが、台所から出てきた妻は何も持たずに「…名を九郎判官」と伝える。一方、旦那も「…義経にしとこう」と平然。実は隠語で「菜は食べてしまってないので、よしておこう」という意味。この粋なやりとりに感心した植木屋は、女房と友人を巻き込んで、旦那夫婦に似せた即興劇を演じることに。しかし、シナリオどおりにはいかない。最後は収拾がつかなくなり、「弁慶」の「立ち往生」で幕切れ。

旦那、今、奥さん何て言ったんですか？
ああ、あれかい？青菜は食べてしまってないって意味だよ
名《な》を九郎《くろう》
＝
菜《な》を食《く》らう
だからワシが「義経《よしつね》＝よしとこう」と言ったんだ
「食べてしまってない」と言うのはみっともないから、ウチではそう言ってるんだよ
へぇ〜！

主な演者

三代目春風亭柳好
五代目柳家小さん
桂文珍
十代目柳家小三治

主な登場人物

旦那と妻
植木屋と女房
植木屋の友人

舞台設定

お屋敷（大店）
長屋

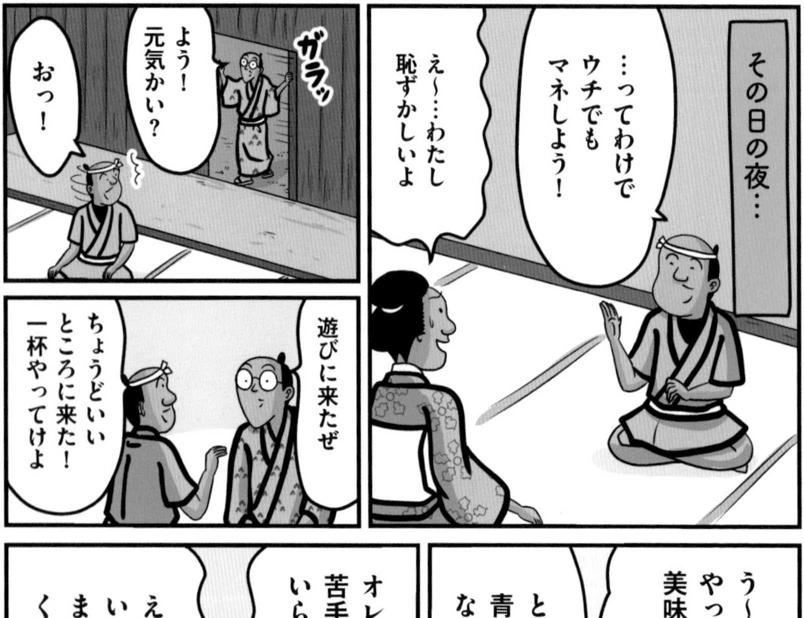
その日の夜…
…ってわけでウチでもマネしよう!
え～…わたし恥ずかしいよ
ガラッ
よう!元気かい?
おっ!
遊びに来たぜ
ちょうどいいところに来た!一杯やってけよ
う～ん、やっぱり酒は美味いなぁ
ところで青菜食べないか?
オレ青菜苦手だからいらねぇよ
えっ?いやいや、まあ食べてくれよ…

漫画では省略していますが、青菜嫌いの友だちに青菜を食べさせようとする、植木屋の必死な様子も聴きどころです。オチの「弁慶にしておけ」は、女房に「義経」と言われてしまったための苦し紛れのひとこと。どうにもならないことのたとえ、「弁慶の立ち往生」ということわざの意味を知ると、オチのおかしさも倍増します。夏の定番ネタだそうです。

聴きどころ

奥や！奥！青菜を出しとくれ
え～っと…鞍馬から牛若丸が出でまして名を九郎判官…
…義経！
あっ！オレが言う「義経」まで言いやがった！
う～ん…
では弁慶《べんけい》にしておけ
※弁慶…義経の家来。義経を敵から守るため、立ったまま死んだ（往生した）といわれることから、立ち往生、どうにもならない状態

CD
ビクター落語 三代目 春風亭柳好
(2) 青菜／居残り佐平次／穴泥
（日本伝統文化振興財団）

三代目
春風亭
柳好

この演目はこの名人がオススメ！

江戸時代の人たちの話し方はこんな感じだったのだろうなと思える、三代目春風亭柳好の明るく華やかな語り口が楽しい。それぞれのキャラの演じ分けも見事！

素材提供：日本伝統文化振興財団

超間抜けだけど憎めない!?天然ボケの愛されキャラ

与太郎《よたろう》

落語で最も人気のあるキャラクター。性格はのんきで楽天的。年齢は20歳に設定されることが多く、たいていは定職に就かず、ブラブラしています。何をやっても失敗しますが、愛嬌があって周囲の人々からは愛されています。

与太郎あるある

なぜか伯父さんとセットで登場する

情に厚いけどおっちょこちょい

八五郎《はちごろう》

おっちょこちょいで情に厚い典型的な江戸っ子。通称「八っつあん」。あけすけな性格から「がらっ八」とも呼ばれます。熊五郎とともに落語の二枚看板。

豪快で酒飲みといったらこの人！

熊五郎《くまごろう》

大の酒好きで、能天気。乱暴者として描かれることが多く、酒にまつわる失敗談も尽きません。その一方で、子煩悩な面もあり、憎めないキャラクター。

空気が読めないあわてんぼう!?
ちょっとアブナい要注意人物

粗忽者《そこつもの》

そそっかしい、おっちょこちょいな人。性格は無精だったりマメだったりしますが、いずれにしても強烈なキャラクターで描かれています。

ケンカの仲裁から仲人まで
おせっかいだけど頼れる人

大家《おおや》さん

長屋の住人のまとめ役。家賃を集めるほか、トラブルを仲裁することも。江戸時代は貸家の所有者ではなく、管理人を指していました。

おかみさん
あるある
亭主を家から
つまみ出しがち

尻に敷いているけれど
実は亭主が大好きな
頼もしくもかわいい女性

おかみさん

落語に登場するおかみさんは、とにかく元気で強いのが特徴。亭主を尻の下に敷くのは当然で、口も達者です。亭主を支えるしっかり者でもありますね。

猫の皿
ねこのさら
とある茶屋で骨董商がくつろいでいた
ん？
あ…あの皿は！
高麗の梅鉢!?
普通に買うと三百両はする皿だぞ…
はは～ん…さてはあのじいさんこの皿の価値をわかってないな…

あらすじ

掘り出し物を探して歩く骨董商が、茶店でひと休みしている。ふと、店のかたわらで餌を食べる猫に目を向けると、餌の受け皿が「高麗の梅鉢」。この逸品を買い叩こうと、骨董商は猫を３両で買いたいと提案。店主が同意すると、そしらぬふりして餌の皿も持ち去ろうとする。ところが、店主から「待った」がかかる。「これはゆずれません。なにせ 300 両はする高麗の梅鉢ですから」。してやられた骨董商が「なぜこんな高い皿を猫用に？」と尋ねると、店主は「こうすると時々猫が３両で売れますのでね」とニンマリ。

よし…
ニヤリ…
いや～この猫ちゃんかわいいいなぁ～
チラッ
○…
間違いない！本物だ！
あの～…この猫ちゃんゆずってもらえないかねぇ…？
あまりにもかわいくて
ウチでかわいがってる猫ですからねぇ…
いや！タダでとは言わねぇ！三両払うから！この通り！
う～ん…わかりましたそこまで本気ならおゆずりしましょう！

主な演者

五代目古今亭志ん生
三代目桂米朝
十代目柳家小三治

主な登場人物

骨董商
茶屋の店主

舞台設定

茶屋

じゃ、ついでに猫ちゃんのためにこの食べ慣れたエサ皿ももらっていきますね
いえいえ、それはいけません
ドキドキ
えっ!? こんな古い皿一枚ぐらいべつにいいでしょ?
いえ、これはゆずれません
どうしても?
はい、どうしてもダメなんです
なんでダメなの? こんなきたない皿ぐらい…
きたない皿ではありません なにせ三百両はする高麗の梅鉢ですから
えっ? あっ…あ〜! そうなんですね!
ギクッ
ハハハ
し、知ってたのか!

聴きどころ

落語には、人をあざむいて儲けようとする人がよく出てきます。『猫の皿』の骨董商もそのひとり。なんとか言いくるめて高価な皿を奪おうとする骨董商と、それをのらりくらりとかわす店主のやりとりが面白い。落語では、骨董商がもう少し悪人っぽく演じられる場合もあります。シンプルでわかりやすい噺なので、落語の入門編として聴くといいかも。

……
ふん！
なんだ
こんな猫！
ピュ～～
シャ～～
ガブッ
ギャ～～～
くそ～
しかしなぜ
こんな高い皿を
猫用に？
こうすると時々
猫が三両で
売れますのでね
はっはっはっはっはっ！

落語あるある
其の七
……。
寄席の
グッズコーナーで
手ぬぐいを
買ってみるけど
どう使っていいか
わからない

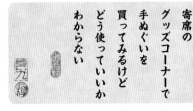

味噌蔵
みそぐら
ある味噌問屋で…
ウチの旦那はとにかくケチだなぁ
下駄はすり減るまで使わせるし味噌汁の具は入ってないし…
番頭
おいお前たち
あっ！旦那！
ケチ兵衛(主人)
女房が実家で子どもを産むことになったから留守をたのむよ
もし火事になったら味噌で蔵の目塗りをするんだぞ
隙間から火が入ってこないように埋める
えっ？味噌で？商品なのにもったいないじゃないですか？
焼けた味噌はお前たちのおかずになるんだよ
はっ？
なんてケチなんだ…

あらすじ

ケチで有名な味噌問屋の主人が、里帰り出産した女房のもとへ行くため、店を不在にすることに。番頭に「もし火事になったら味噌で蔵の目塗りを」と火の用心を言い付けるが、番頭は日頃の憂さ晴らしに酒宴を計画。奉公人たちは豪勢な肴に加え、焼きたての田楽も豆腐屋に注文。ところが、忘れ物を取りに戻った主人がドンチャン騒ぎを目の当たりにして、怒り狂う。そこへ「焼けてきました～」「このあともどんどん焼けてきますよ」と横丁の豆腐屋。火事だと思い込んだ主人の鼻先には田楽の香りが漂う。「しまった！ 味噌蔵に火がついたぞ！」。

定吉や！女房の実家まで供を頼むよ
へい
女房の実家で出た祝いの料理を詰めて帰るから重箱を持ってきなさい
へ、へい…
お祝いの料理を持って帰るなんて…ケチだなぁ…
それじゃ、くれぐれも火の元に気をつけるんだぞ
いってらっしゃいまし
よし…
ニヤリ…
何でも好きなもの注文してくれ！
支払いは店の金でオレがなんとかする！
オレ刺身！
天ぷら！
オレはウナギの蒲焼き！
今夜は旦那は留守だ！宴会するぞ！
日頃の鬱憤を晴らすぞ～！
オ～～！
そうだ！横丁の豆腐屋から田楽を焼いて持ってきてもらおう
あれウマいんだよな

主な演者

十代目柳家小三治
八代目三笑亭可楽
四代目三遊亭圓遊
四代目柳亭市馬

主な登場人物

味噌問屋の主人
番頭
奉公人
豆腐屋
定吉

舞台設定

味噌問屋

一方、そのころ旦那たちは……
おや？ 定吉…重箱はどうした？
あっ！ 忘れちゃいました！
忘れるとはなんだ！しっかりしないか！
取りに帰るぞ！
ガヤガヤ
みそ
はははは
ん？ ウチからずいぶんにぎやかな声が聞こえるな…
あっ！
こっ…これは何事だ！
ワシが留守なのをいいことにこんな贅沢を！
はわわわわわ…

『味噌蔵』の主人のようなドケチな旦那は、落語にはよく登場します。実際の落語では、徹底したケチな旦那の〝ドケチエピソード〟がさらにたくさん盛り込まれていて面白いです。あれこれ細かいことを言うわりには、最後はそそっかしい味噌問屋の主人。そのギャップがあるので、ドケチで嫌味な旦那なのに、最終的にはどこか憎めない人という印象になります。

聴きどころ

ごめんくださ〜い！横丁の豆腐屋で〜す
焼けてきました〜
あっ…さっき注文した田楽…
横丁の豆腐屋？焼けた？
火事か！
どれぐらい焼けてるんだ？
二丁です！
この後もどんどん焼けてきますよ
豆腐二丁
二丁か！けっこう近いな
ん？このにおいは…
しまった！
味噌蔵に火がついたぞ！

※「丁」は距離の単位でもある（一丁＝約百九メートル）

落語あるある 其の八
はははははは
寄席で一人だけやけに笑い声の大きい人の声が響く

井戸の茶碗
いどのちゃわん
千代田《ちよだ》卜斎《ぼくさい》
仏像を二百文で買い取ってほしいのだが
屑屋《くずや》の清兵衛《せいべえ》
う〜ん…相場がわからないのでお断りしたいのですが…
…ではもし仏像が二百文以上で売れたら利益を折半するというのはどうでしょう?
よし!そうしてくれ!
お〜い!そこの屑屋!
その仏像を売ってくれないか?
高木《たかぎ》佐久左衛門《さくざえもん》
三百文でどうでしょう?
よし!買った!
汚れてるから磨こう
ん?
ゴシゴシ
コロン

あらすじ

屑屋の清兵衛は、千代田卜斎から仏像を引き受ける。高木佐久左衛門がこれを300文で買い上げ、せっせと磨く。すると、中から50両の小判。すぐ元の持ち主に返そうとするが、実直な千代田はその申し出を断る。すったもんだの末、薄汚れた茶碗と引き換えに20両を受け取る。ところが、この茶碗が300両もする逸品だった。今度は、この大金が宙に浮く。結局、千代田の娘を高木に嫁がせ、折半した150両はその支度金に。「磨けば光る娘」という清兵衛の見立てに対して、高木は「いや、磨くのはよそう、また小判が出るといけない」。

仏像の中から
五十両が
出てきた！
お～い！屑屋～！
仏像の中から
五十両が出てきた
仏像を買い取った
元の持ち主に
返しといてくれ
という
わけで
五十両を
返しに
きました
それは
受け取れん！
一度譲った
ものはもう
ワシのもの
ではない！
えぇっ？
再び高木佐久左衛門の
家に行くと…
元の持ち主の
卜斎さんは
いらないと
言って
ますが…
それは困る！
わたしはそのような
金は受け取れん！
困った…
長屋の大家さんに
相談してみよう
…という状況
なんですが
どうしたら…
う～ん
…

主な演者

三代目古今亭志ん朝
五代目古今亭志ん生
五代目春風亭柳朝
柳家さん喬

主な登場人物

屑屋の清兵衛
千代田卜斎（浪人）
高木佐久左衛門（細川家の勤番）
長屋の大家
細川家の殿様

舞台設定

千代田卜斎宅
高木佐久左衛門宅
細川屋敷とその窓下
長屋の大家宅

ではお前さんが十両をもらい、残りを二十両ずつ分けてみてはどうだろう?
清兵衛（屑屋）十両
千代田卜斎（仏像の元の持ち主）二十両
高木佐久左衛門（仏像を買った今の持ち主）二十両
そんなわけで二十両だけ受け取ってもらえませんか?
う〜ん…わかった…受け取ろう
そのかわり…
この茶碗を仏像を買った高木殿に渡してほしい
こうして高木佐久左衛門には二十両と茶碗が渡された
しかし、その茶碗は名品だったということがわかり殿様が三百両で買い取ることになった
これは「井戸の茶碗」といわれる名品だ!売ってくれ!
茶碗が三百両で売れた半分の百五十両を茶碗をくれた卜斎殿に渡してほしい
ええ〜…
絶対受け取らないよ、あの人…

登場人物の全員が正直者という珍しいパターンの演目。逆に、正直すぎてまわりの人を困らせてしまうほどです。そんな正直者の武士に振り回されてしまう、こちらも正直者の屑屋の様子に笑い、最終的には「めでたしめでたし」の人情噺としてまとめられています。江戸はリサイクル社会だったので、噺の中に登場するような屑屋さんがたくさんいたそうです。

聴きどころ

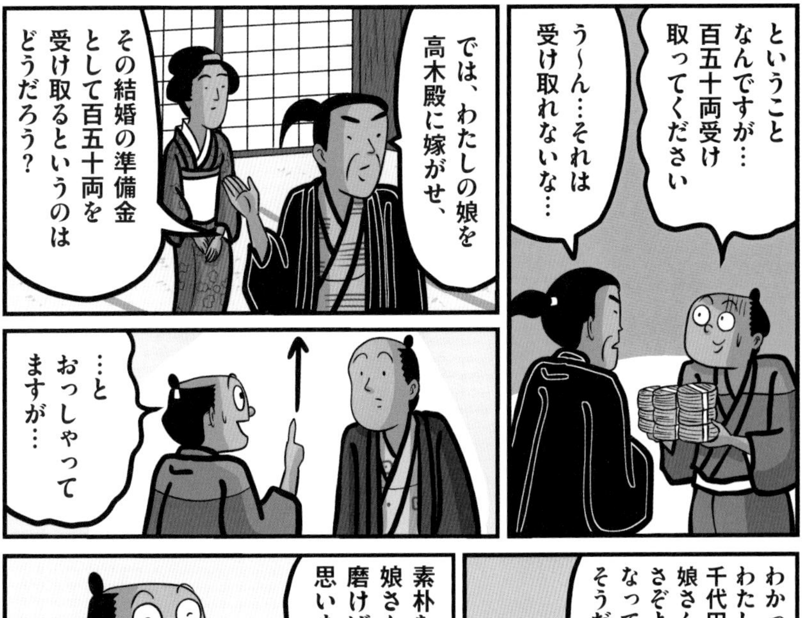

ということ なんですが… 百五十両受け 取ってください
う〜ん…それは 受け取れないな…
では、わたしの娘を 高木殿に嫁がせ、
その結婚の準備金 として百五十両を 受け取るというのは どうだろう？
…と おっしゃって ますが…
わかった わたしは独身だし 千代田氏の 娘さんなら さぞよい妻に なってくれ そうだ！
ほっ…
素朴な感じの 娘さんですが 磨けば光ると 思いますよ！
いや、磨くのは よそう
また小判が 出るといけない

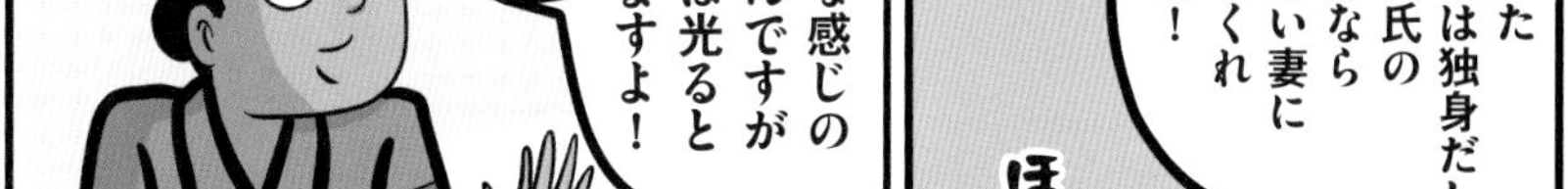

落語あるある 其の九
ははは やっぱ 面白い！
オチも話の内容も 知っているのに 何度聴いても 面白い不思議さ

子ほめ

こほめ

ご隠居～！無料《ただ》の酒を飲ませてくれるって聞いたから来てやったぜ
熊五郎
タダの酒じゃない灘《なだ》の酒だ！
タダで飲みたいならお世辞のひとつも言わんとダメだぞ
どんなこと言えばいいんだ？
たとえば四十五歳の人がいたら「お若く見えますね～厄ぐらいに見えますよ」って言うとか…
じゃあ子どもをほめるときはどうしたらいいのさ
親をよろこばせるのがいいな
おじいさまに似てご長寿《ちょうじゅ》の相《そう》でいらっしゃる栴檀《せんだん》は双葉《ふたば》より芳《かんば》しく蛇《へび》は寸《すん》にしてその気を表すと言います、私も早くこんなお子さまにあやかりたい
※栴檀は～その気を表す…大成する人は幼いときから並外れて優れているというたとえ
なんて言えばいいだろう
よ～し！人をほめてタダで酒をもらうぞ～
あの～、すみません、おいくつですか？
四十歳だけど…
四十歳？
どうしよう…四十五歳のほめ方は習ったけど…

※厄…四十二歳のこと

あらすじ

熊五郎は､「灘の酒」を「タダの酒」と聞き間違えるほどの酒好き。隠居に「タダで飲みたいなら、お世辞のひとつも言わないと」と諭され、そのセリフも教えてもらう。さっそく顔見知りに声をかけ、若々しさをほめようとするが、40歳の相手に「厄ぐらいに見えますよ」と言って大失敗。次に、近所に住む竹のところを訪れ、産まれたれたばかりの子どもをほめることに。ところが、肝心のセリフを忘れてしまい、しどろもどろ。しかたなく、赤ん坊の年齢を尋ねて「えっ！ ひとつにしてはお若い！」「どうみてもタダ（0歳）だ！」とヨイショ。

四十五歳ってことにしてくれません？
はあ…じゃあ四十五歳だ…
？
ええ！四十五歳!?厄ぐらいに見えますよ！
はっ？失礼な！
老けて見えるってか!?
くそ～失敗したか～
そうだ！竹が子どもが産まれたって言ってたな子どもをほめて酒をもらおう
おーい！子ども見に来たぞ～
竹
くそっ！セリフを忘れちまった…
こうなったら年齢を若くほめる作戦だ！
え～っと…子どもをほめるときは…
おじいさまに長命丸飲ませ…洗濯は一晩では乾かず…わたしも早くあやまりたい…
※長命丸…精力剤
？
はぁ？
この子の年齢はいくつだい？
ひとつだよ
えっ！ひとつにしてはお若い！
どうみてもタダ（0歳）だ！

軽やかで楽しい演目です。数え年だった昔は、産まれた直後でも１歳でした。それを「タダ（０歳）」と言ったというオチで、「生まれる前みたいだ」という場合もあります。赤ん坊をほめようとして間違えるセリフの中の「長命丸」とは、精力剤のこと。おじいさんに精力剤を飲ませる、というとんでもない間違いをサラッと言っているところもおかしいですね。

聴きどころ

子別れ《こわかれ》
あんた四日も帰ってこないで浮気してたんでしょ！
い、いや〜すまん…酔った勢いでつい…
熊五郎
この子を連れて出て行きます
はっ？
ふん！勝手にしろやい！
じゃあオレも浮気相手と暮らすぜ！
くそ〜こんなはずではなかったのに
出ていってくれないかな…
しかし、浮気相手が家に来てしばらくすると…
ハハハハハ
おい…昼から酒飲むのは勘弁してくれよ
…と思っていたら女は男をつくって家を出ていった
ほっ…助かった…
もう心を入れ替えて仕事に専念しよう…

あらすじ

大工の熊五郎が、吉原で遊び呆けて４日ぶりに帰宅。愛想を尽かした女房は、息子の亀吉を連れて家を出ていく。独り身になって、まじめに働くようになる熊五郎。３年後のある日、亀吉に偶然出会い、鰻を一緒に食べる約束をして、内緒で小遣いをやる。ところが、そのお金が母親に見つかってしまう。盗んだんじゃないかと疑った母親が玄翁（トンカチ）でぶとうとするので、父親からもらったと明かす。翌日、鰻屋で家族３人が再会、夫婦はヨリを戻すことに。まさに「子は鎹（かすがい＝クギ）」。亀吉は「だからおっかあはオイラをトンカチで…」とポツリ。

それから三年後…熊五郎は出世して安定した暮らしをしていた
よし今日も仕事頑張るぞ~
ん？
あれは息子の亀吉じゃねぇか！
亀吉
お~い！亀！
あっ！お父っつぁん
すっかり大きくなったなぁ
お、おっかぁは元気か…？
うん、よくお父っつぁんの話をしてるよ
お父っつぁんは本当はいい人なんだお酒と悪い女にダメにされたんだって言ってるよ
……
…よし！美味いものでも食いに行くか！明日、鰻屋の前に集合だ！
うん！わかった！

主な演者

五代目古今亭志ん生
六代目三遊亭圓生
十代目柳家小三治
三代目柳家権太楼

主な登場人物

熊五郎
亀吉
女房（先妻）

舞台設定

熊五郎の家
往来
鰻屋

これは小遣いだ
おっかあには内緒だぞ!
ただいま~
コロッ
ん?
あんたこのお金どうしたんだい?
あっ!
まさか盗んだんじゃないだろうね!正直に言わないとこのトンカチでぶつよ!
ち、違うよ
お父っつぁんにもらったんだ
お父っつぁんに会ったのかい!?
うん…明日、鰻屋に行くことになった

聴きどころ

落語の演目の中でも、とくに人気のある人情噺。長い噺なので、上中下の３部構成となっており、通しての上演は稀なようです。３年後の復縁を描いた「下」のパートは、『子は鎹（かすがい）』とも呼ばれています。夫が先妻と再会するシーンのやりとりは、聴いているほうが照れ臭くなってしまうほど。亀吉もしっかり者で、とても大人びたセリフに感心してしまいます。

翌日、鰻屋で…
実は今日…おっかあも来てるんだ
えっ！
あんた久しぶりね…
お、おう…
…… ……
なあ…オレもうマジメになったから…
もう一度一緒に暮らさねえか…？
うん！
これも亀のおかげね
昔から「子は鎹《かすがい》」というが本当だな
※鎹…二つの木材を違いが外れないようにつなぎ合わせる、コの字型のクギのこと
子はかすがい？
だからおっかあはオイラをトンカチでぶつって言ったのか！

落語あるある 其の十
あんたしっかりするんだよ！
おかみさんが強くて頼りがいがある

親子酒《おやこざけ》

お前は酒ぐせが悪くていかん！
お父つぁんすみません…
ワシも酒をやめるからお前も禁酒しろ！
はい…
半月後…
あ〜なんか今日は寒いなぁ〜
チラッ
あたたかいものが飲みたいな〜
チラッ チラッ
……あなた、お酒はやめたんじゃないんですか？
たのむ！一杯だけ！あいつ（息子）も出かけてるし
もう…仕方ないね！一杯だけですよ！
結局、何杯も飲んでベロベロに酔ってしまい…
ははは！やっぱ酒は美味いな〜

あらすじ

酒好きな親子がいた。父親は息子の酒癖を心配し、２人で禁酒することに。しかし半月ほど経つと我慢できなくなり、息子の留守中、女房を拝み倒して酒に手を伸ばす。１杯が２杯、３杯となり、ベロベロに酔う。そこに息子が帰ってくる。あわててその場を取り繕ったが、息子も外で飲んできて上機嫌。息子に説教する父親だが、自分も酩酊状態。目の焦点が合わず、息子の顔がいくつも見える。「バケモノ息子に家を継がせるわけにはいかねぇ」と言い放つ父親。すると、酔いが回った息子も「こんなグルグル回る家なんかいらねぇよ！」と応酬。

あんた！あの子が帰ってきたよ！
えっ！ま、まずい！
ガラッ
フラフラ
ただいまぁ
わっ！お前、酒飲んだのか!?
ええ…ちょっと断れなくて…
なんだと〜
ぐわ〜〜ん
わっ！せがれの顔がたくさん〜〜
バ、バケモノめ〜
お前のようなバケモノ息子に家を継がせるわけにはいかねぇ
なにっ！冗談言っちゃいけないよ
ぐる
ぐる
オレもこんなグルグル回る家なんかいらねぇよ！
・・・・。

落語の中の人は、とにかくお酒が大好き。この『親子酒』は、そんなお酒好きの代表のような親子が出てくる演目です。父親が１杯だけと言いつつ、「もう１杯」「もう半分」と、徐々にドツボにハマっていく様子が面白い。ベロベロに酔っぱらった父親と息子のやりとりも聴きどころです。酔っぱらいの表情や目配りなどは、ライブや映像で楽しみたいですね。

聴きどころ

裏長屋《うらながや》のくらし

落語の主な登場人物は、町人や職人。その多くは〝裏長屋〟と呼ばれる、狭い路地に面した集合住宅の借家住まいでした。細長い木造住宅が６畳程度の部屋に仕切られ、そこで一家が質素に暮らしていたのです。トイレ共同、風呂なし。井戸のような水汲み場も共用し、井戸端で野菜や食器を洗ったり、洗濯をしたりしました。

① 神棚《かみだな》

江戸時代の中頃には、ほとんどの家庭で祀られていたようです。

② へっつい

かまど。左官職人によって土石でつくられ、木製の台枠があります。

③ 流し

1.5 畳程度を占める土間には、「へっつい」と並んで流しがあります。

④ 水瓶《みずがめ》

飲用水を入れます。水汲み場で汲んだ水をここに貯めておきます。

⑤ 行灯《あんどん》

四方を風よけの覆いで囲み、皿の上の油脂に火をつけて明かりに。

⑥ 枕屏風《まくらびょうぶ》

枕元に立てる背の低い屏風。昼間は畳んだ布団や枕を隠しました。

⑦ 長火鉢《ながひばち》

木製の箱の中に収めた火鉢。引出しが付いて横長になっています。

⑧ 箱膳《はこぜん》

各自の食器を収納し、食事の際にふたを裏返してお膳にしました。

落語に登場する職業①

蕎麦屋（夜鷹《よたか》蕎麦）

夜中に営業している屋台のそば屋。「夜鷹」と呼ばれていた路上の娼婦が常連客だったことから、通称「夜鷹蕎麦」。また、1杯16文（2×8）だったことから「二八そば」と呼ばれることも（語源には諸説アリ）。

魚屋（行商人）

屋台と並び、行商も江戸時代にはポピュラーな業態。天秤棒で荷を担いで販売していました。中でも魚の行商人は向こう鉢巻に腹掛け、半纏といった身なりで江戸っ子のシンボル。魚市場で仕入れた魚を朝イチから売り歩きました。

屑《くず》屋

古紙や古着などを買い取る廃品回収業者。江戸時代、紙は貴重品だったので使い古しの紙も再生利用されていました。屑屋が家々を回り、秤で重さを量って買い取っていたのです。

道具屋

江戸時代、道具類や衣類などは中古で間に合わせるのが当たり前。古道具を買い取って、路上に並べて売る道具屋は身近な存在でした。高価な骨董品から日用雑貨まで品揃えは豊富。

たらちね
たらちね
八五郎、そろそろ結婚したらどうだ？
とても美人な娘がいるんだが
そんな美人がどうしてオレのとこに？なんかわけがあるんでしょ？
実はな…言葉遣いが異常に丁寧でなぁ…
この前会ったときも今朝は怒《ど》風《ふう》激《はげ》しうして小砂眼入《しょうしゃがんにゅう》して歩行《ほこう》なり難《がた》しなんて言っててな…
風が強くて目に砂が入って歩きづらい…ってな
はぁ…確かにバカ丁寧だ…
でも問題ないですよ！言葉遣いなんてすぐ変わるでしょ
そうかい、じゃあ頼むよ
オレも結婚か～楽しみだな～
茶碗の音がチンチロリン♪茶漬けをサ～クサク♪たくあんをポ～リポリ♪
二人で食べる食事を妄想している
ドン
ドン
あっ！来た！

あらすじ

長屋の大家が、八五郎に縁談をもちかける。相手の娘はとても美人で、八五郎にはもったいない。それは本人も承知で「なんかわけがあるんでしょ？」。大家は「言葉遣いが異常に丁寧でなぁ」と明かすが、言葉遣いなど気にしない八五郎は喜んで結婚。ところが、丁寧さは予想をはるかに上回る。文語調の言い回しに漢語が混じり、何を言っているのかチンプンカンプン。新婚生活１日目の朝飯時も、「日も東天に出現ましませば…恐惶謹言」と新妻。八五郎は「飯を食うのが恐惶謹言⁉ それなら酒を飲んだら『よって（酔って）件の如し』か？」。

へぇ〜
こりゃ美人だ…
あっ！
そういえば、
名前を聞いて
なかったな！
自らの姓名は、
父は元京都の産にして
姓は安藤、名は慶蔵、
字《あざな》を五光《ごこう》、母《はは》は八千代《やちよ》と
申《もう》せしが、我が母
三十三歳の折、ある夜
丹頂《たんちょう》の鶴を夢に見て、
わらわを孕《はら》めるがゆえ、
垂乳根《たらちね》の胎内を出《いで》しときは
鶴女《つるじょ》鶴女と申せしが、
それは幼名、成長の後、
これを改め清女《きよじょ》と
申し侍《はべ》るなり
（私の名前は清女です）
ず、ずいぶん
長い名前だな
？
そうして、新婚生活スタート1日目の朝…
門前に
布をなす
賤《しず》の男子《おのこ》
（そこの
八百屋さん）
我が君、
我が君
米《よね》のありか
いずれなるぞ
（あなたお米
どこにある？）
聞いてたとおり、
丁寧すぎる言葉遣いだ…
まあいいや
朝飯食べよう
日も東天に出現ましませば
含嗽手水《うがいちょうず》に身を清め
神前仏前に御灯明《みあかし》な供《そな》え
御飯召し上がって
然《しか》るびよう存じ侍《はべ》る
恐惶謹言《きょうこうきんげん》
（どうぞ召し上がれ）
※恐惶謹言…改まった手紙の
末尾に添える相手に敬意を表す言葉
飯を食うのが
恐惶謹言!?
それなら
酒を飲んだら
「よって（酔って）
件《くだん》の如《ごと》し」か？

※よって件の如し…書状・証文などの最後に書く言葉。「右記の通り」の意味

「たらちね」は、漢字で「垂乳女」と書き、母親を意味します。娘の極端に丁寧な言葉遣いが聴きどころですが、難しい言葉も多いので事前知識があるとより楽しめます。丁寧な言葉遣いだけでなく、八五郎が新婚生活を妄想するシーンも面白いですよ。八五郎の縁談話のように、結婚当日に初めて二人が顔を合わせるということも昔はよくあったそうです。

聴きどころ

風呂敷
ふろしき
ははははは！
お崎
幼なじみの半七
お〜い！今帰ったぞ〜
ヤバい！夫が帰ってきちゃった！
えっ？別によくない？浮気してるわけじゃないし…
あの人ヤキモチ焼きだから幼なじみでもヒドい目にあわされちゃうよ！
とりあえず押し入れに隠れて！
うぃ〜ただいま〜
夫の熊五郎
ヒック
お…おかえりなさい
いや〜酔っ払ったなぁ〜
押入れ
あっ…

あらすじ

夫・熊五郎の留守中、お崎は幼なじみの半七を自宅に招き入れて談笑している。そこに突然、熊五郎が帰宅。お崎はとっさに半七を押し入れに隠すが、酔った熊五郎は、押し入れをふさぐような形で寝込んでしまう。困ったお崎は鳶頭に相談。すると鳶頭は風呂敷を借りて、熊五郎を揺さぶり起こす。「今ちょっと面白いことがあってなぁ…」と目の前の出来事をゴシップとして聞かせながら、熊五郎の顔に風呂敷をかぶせて、半七に脱出方法を手引き。「下駄を間違えるなよ〜」の忠告まで至れり尽くせり。熊五郎も「そりゃあ上手に逃がしましたなぁ〜」。

ぐぅ〜
Zzz
や…ヤバい…
あなた、こんなとこで寝ると風邪ひくよ…
うるせぇ！オレはここで寝るんだ
ムニャムニャ
兄さん！助けておくれ！
ん？どうした？
同じ長屋に住む鳶頭《とびがしら》
実は……………って状況で…
う〜ん そいつは困ったなぁ
よし！オレに考えがある！

※鳶頭（とびがしら）…鳶職の親方。「かしら」とも

主な演者

五代目古今亭志ん生
立川談志
三代目古今亭志ん朝

主な登場人物

熊五郎（夫）
お崎（女房）
鳶頭
半七（女房の幼なじみ）

舞台設定

長屋

風呂敷なんか準備してどうするんですか？
まあオレに任しとけ！
お〜い！熊！
ん…ん？
あ〜兄さん！どうもどうも！どうしました？
いや、今ちょっと面白いことがあってなぁ
面白いこと？何ですか？
ある女が幼なじみの男と話してるところにヤキモチ焼きの夫が帰ってきちゃってな
幼なじみの男を慌てて押し入れに隠したけど、押し入れの前に夫が座り込んじまったんだ

兄さんの機転の効いた作戦にニヤリとさせられます。熊五郎の顔に風呂敷をかぶせてからの脱出劇には、思わず「うまい！」と声が出てしまうほど。兄さんは、実際の兄弟ではなく、長屋で頼られている人物で、当時の長屋住まいの人付き合いや人情も感じられます。漫画では女房の単なる幼なじみとなっていますが、女房の浮気相手という設定の場合もあります。

聴きどころ

そこでな、オレがこういう感じで夫の顔に風呂敷をかぶせて…
「今のうちに逃げろ〜」
そろ〜〜
「何してるんだ早く逃げろ〜」
「忘れ物するなよ〜」
「下駄を間違えるなよ〜」
そろ〜〜り
って言って逃してやったんだ
はっはっはっ！なるほど！
そりゃあ上手に逃がしましたなぁ〜さすが兄さんだ！

DVD
NHK DVD「志ん生 NHK 映像集」
（NHK エンタープライズ）

NHK
映像集
志ん生

この演目はこの名人がオススメ！

『風呂敷』も収録された、五代目古今亭志ん生の貴重な映像集がオススメです。破天荒な逸話で有名な名人ですが、映像を見ると細かい仕草にもどこか上品さを感じます。

問合せ先：NHK エンタープライズ ファミリー倶楽部
0120-255-288（午前 9 時〜午後 6 時）

紙入れ《かみいれ》

取引先の旦那の妻
ねぇ新さん、今日は旦那も帰ってこないし泊まっていきなよ
新吉
それはマズいですよ…
ふ〜ん、じゃあ新さんに押し倒されたって旦那に言っちゃおうかな
はっ？
そんなムチャクチャな〜
結局、強引に説得されて泊まることになったのだが…
すっ…
お酒を飲みすぎて布団に横になった
今帰ったぞ〜
わっ！旦那が帰ってきた！
えぇっ！ヤ、ヤバい！
バッ
裏口から逃げて！
ダダダダダッ
危なかった…
あっ？
しまった！紙入れを忘れてきた！
紙入れの中には奥さんからの手紙も入ってる
大変なことになったぞ…

※紙入れ…財布

あらすじ

出入り先のおかみさんに誘惑され、家に上がり込む新吉。そこに、外泊するはずの旦那が帰宅。新吉はかろうじて逃げるが、紙入れ（財布）を忘れてきたことに気づく。その中には、おかみさんからの手紙も。焦った新吉は、旦那の様子を探りに翌朝、再訪。他人事として前夜の様子を語ってみるが、旦那は無反応。そこでおかみさんが「（浮気するような）奥さんは紙入れに気づいて隠しているから大丈夫」と新吉を安心させる。一方、旦那は「（寝取られるような男は）紙入れを見たとしてもそこまでは気づかねぇよ！」とお気楽な一言。

翌日、新吉は旦那の様子を探りに取引先へ…
旦那…ど…どうも
ドキドキ
おっ！新吉じゃねぇか！どうした？
いえ、しばらく仕事を休もうかと…
えっ？なんでだ？
紙入れには気づいてないのか…？
実はある取引先の奥さんと変な仲になっちゃいまして…
こっそり奥さんと会ってたらその家に紙入れを忘れて…
バレたらヤバいかな～と思いまして
あら、新さん、きっとその奥さんは紙入れに気づいて隠してるから大丈夫ですよ
それでしばらく身を隠そうかと…
そうだそうだ！それに妻を取られるような夫だ！
もし紙入れを見たとしてもそこまでは気づかねぇよ！
きっとボ～ッとした夫に違いない！

色っぽさと滑稽さを含んだ、いわゆる「艶笑落語（バレ噺）」の演目です。女房があれこれ言いくるめて、旦那の留守中に新吉を泊まらせようとする、その２人のやりとりが面白いですよ。小心者で気が弱そうな新吉なのに、なぜか自ら危険を冒してまで旦那の様子を探りにいくという、その大胆な行動にもヒヤヒヤします。オチの旦那の一言には思わず大笑い！

聴きどころ

富久

とみきゅう

神棚の大神宮様、どうか富くじを当ててください！
ちなみに今、失業中です
抽選券
抽選番号
松110
※富くじ…現在の宝くじのようなもの
久蔵《きゅうぞう》
おい！お前がやらかして出入り禁止になった店が火事だぞ！
ガラッ
えっ!?
今手伝いに行ったら許してもらえるかもよ！
そうだな！行ってくる！
旦那！大丈夫ですか!?
久蔵！来てくれたのか！
よ〜し！荷物を運び出しますね！
ありがとう！

あらすじ

幇間の久蔵は、酒癖が災いして失業中。なけなしの金で１枚の富くじを買い、神棚にしまう。その日の夜、贔屓だった旦那の自宅付近で火事が起きる。久蔵が見舞いに駆けつけると、その心意気に感激した旦那は、久蔵の出入りを許すことに。ところが、今度は久蔵の長屋の近くで火の手があがり、自宅は全焼。久蔵の借金はかさむばかり。数日後、富くじの抽選会場に足を運ぶと、千両が当たる。しかし抽選券がない。がっかりする久蔵だったが、鉢合わせした鳶頭から、神棚が無事であることを知らされる。「これで『おはらい』ができる」と感涙する久蔵。

その後、火事は消し止められた
久蔵、ぜひまたウチに来てくれ！
はい！
おい！今度は久蔵の家が火事らしいぞ！
ええっ!?
忙しい日だ！
ガ〜ン…
家が全部燃えちゃった…
数日後
はぁ…たんまり借金できた……
ん？
そういえば、この前富くじ買ったっけ…抽選番号はたしか、松の一一〇番…
富くじ抽選会場

主な演者

八代目桂文楽
五代目古今亭志ん生
立川談志
十代目柳家小三治

主な登場人物

久蔵
長屋の住人
旦那
鳶頭

舞台設定

長屋
大店
寺社

千両の当選番号は
松の一一〇番！
ええ〜〜っ！
あた〜〜
あたったたったたっ
当たった〜〜〜〜〜！
あの〜千両当たったんですけど…
えっ？抽選券は…
抽選券がないとお金は渡せませんよ
ええええ！
火事で燃えました
じゃあ半分の五百両でもいいんですが
ダメです
じゃあ百両でも…
ダメです
じゃあ十両…
ダメです
一両だけでも…
だからダメだって

古典落語の中でも名作といわれる演目です。とても難しい噺なので、演じることができる落語家さんは少ないそう。「宝くじで大金が当たったら…」とは、誰もが一度は夢想することですが、この噺の中でも富くじで当たったお金をどうするか、久蔵の妄想が広がります。悪いことばかりが続く久蔵ですが、最後の最後に報われるので、聴いた後には気分もスッキリ！

聴きどころ

ちくしょ～ ツイてないな
おっ！久蔵じゃねぇか！
ああ…近所の鳶頭…
なかなか顔を見せないから心配したぞ
ほら！お前の布団と神棚
火事のときに急いで出しといたんだ
よかった！抽選券もある！
これも大神宮様のおかげ！
これでおはらいができます！
※おはらい…「お祓い」と、借金の「払い」。ここでいうお祓いとは、毎年神棚の札を取り替え、厄除けの祈祷をすること

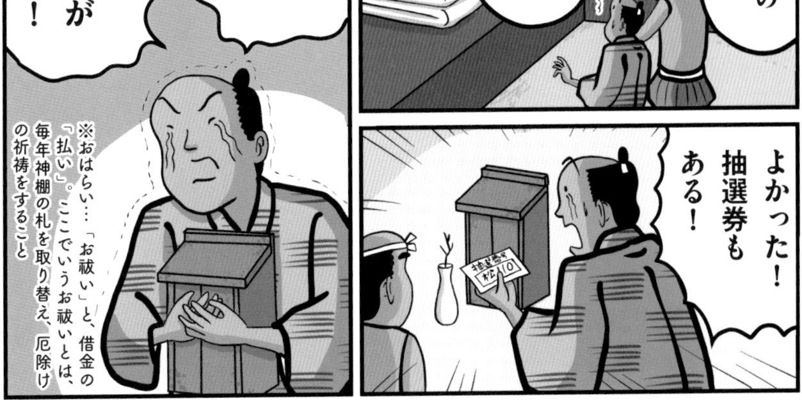
落語あるある 其の十一
本業は落語家だったのか！
テレビでよく見るタレントさんが実は落語家だと後から知る

鰻の幇間

うなぎのたいこ

昼飯おごってもらおうと思ったけど、お客さんはみんな留守だなぁ～
野《の》だいこの一八《いっぱち》
おっ！
あの人どこかで会ったことあるな…
旦那！お久しぶりです！
おっ！これはこれは！
よし…誰かは忘れちゃったけど客であることは間違いないな…
ニヤリ
どうだい、鰻でも食べに行かないか？
えっ！ぜひぜひ！ラッキー！
うなぎ
やっぱり鰻は美味いですね～
店はボロくて微妙だけど…

あらすじ

野だいこ（素人芸で座をもたせる幇間）の一八は、誰かに昼飯をおごってもらおうと、町内をうろついている。すると、見覚えのある旦那に出くわす。どこの誰だったのか思い出せないが、ともかく声をかけて、鰻屋にお供する。料理を平らげると、旦那がトイレに立ったまま、戻ってこない。一八は「トイレに行くふりしてお勘定済ませて帰ったんだな」と感心するが、そうではなかった。支払いは一八に回され、持ち帰りの土産代まで請求される。玄関には一八の下駄が見当たらない。残されていたのは、旦那が履いていた小汚い下足。

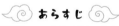

ちょっくらトイレ行ってくる
十分後…
あれ？トイレに行ったはずなのにトイレに誰もいない…
？
はは～ん、なるほど！
気を遣わせないように、トイレに行くふりしてお勘定済ませて帰ったんだな
粋な人だ！
あの～お客様、お勘定を…
えっ？旦那が払ったんじゃないの？
えっ？旦那はあなたで自分はお供だから、お勘定はあなたからもらうようにと…
ちなみに六人分お持ち帰りも追加されましたのでその分も…
しまった！やられた！
ちくしょうとんだ大損だったぜ…
あれっ？オレの下駄は？
買ったばっかのやつ！
下駄はお連れさまが履いて帰りましたよ

主人公の一八が、実は旦那にだまされていたと気づき、ぼやきはじめ、なんとか気を取り直して帰ろうとすると、新品の下駄まで盗まれて――、というダメ押しもあり、最後まで笑えます。「幇間」とは太鼓持ち、男芸者ともいわれ、酒席で芸をしたり、客のご機嫌取りをしたりする職業。一八のようにどこにも属さないフリーの幇間は、「野だいこ」と呼ばれていたそうです。

聴きどころ

悋気の火の玉《りんきのひのたま》

ギクッ…
あなた、最近お妾さんの家に入り浸ってるみたいですね
そう怒るな…まあお茶でも入れておくれよ
ふん！
わたしのじゃ美味しくないでしょ！お妾さんに入れてもらえば？
それから、夫はさらに妾の家に入り浸るようになり…
キィ〜〜〜！悔しい！
あの女め〜！呪われて死んでしまえ！
カチ〜ン！
カチ〜ン！
自分が呪いをかけられていると知った妾は…
はぁ？あの人が勝手にわたしに惚れてるだけなのに！
呪い返してやる！
カチ〜ン！
カチ〜ン！
むこうが五寸釘ならこっちは六寸釘だ！
結局、お互いの呪いがみごと叶い、どちらも死んでしまった

※妾（めかけ）…愛人

あらすじ

久しぶりに妾宅から本宅に帰ってきた大店の旦那。「まあお茶を入れておくれよ」と妻に声をかけても「わたしのじゃ、美味しくないでしょ！」とそっけない。妻と妾の戦いも激化。双方が神社の御神木に藁人形を釘で打ち込む。そのせいか、妻も妾も急逝。その後、本宅と妾の家から火の玉が出るようになった。和尚の手にも負えず、旦那が霊を慰めることに。ある日、大音寺で待っていると、妾の火の玉が寄ってきてキセルに火をつけてくれる。しばらくして、妻の火の玉も飛んでくる。キセルを近づけると「わたしのじゃ、美味しくないでしょ！」。

その後、本宅と妾の家から火の玉が出るようになった
ゴオォォォォォ
Fight!
バチバチ
ゴオォォォ
わぁあぁぁ…これじゃあ気味が悪くて商売あがったりだ!
和尚さん!なんとかしてください!
呪いが強すぎてわたしの力では無理だ…
あなたが説得して成仏させるしかない
よ~し…
妾の火の玉
スッ…
ちょうど火道具を忘れたんだ
おっ…気がきくなぁお前には話したいことがあったんだ…
おぉ!お前も火をくれるのかお前にはちゃんと謝りたいと……
妻の火の玉
ブォ~ン
スッ……
わたしのじゃ美味しくないでしょ!
ふん!
お妾さんにつけてもらえば?

「悋気」とはヤキモチのこと。人が呪われて死んでいるというのに、登場人物がみんなどこか呑気な感じが、いかにも落語っぽい演目です。実際の落語では、妻と妾が藁人形を釘で打ちつけ合う様子や、死後の〝火の玉のバトル〟がコミカルに表現されて面白いです。結局、何も解決しないまま終わるので、この後どうなってしまったのかがとても気になります。

聴きどころ

その魅力は美しさのみならず知識や教養もそなえた江戸のアイドル的存在

花魁《おいらん》

吉原の遊廓の中で、最も位が高い遊女。花魁には教養も必要とされ、古典や書道、茶道、和歌、琴、三味線なども仕込まれました。それだけに、花魁を相手に遊ぶには多額の費用がかかります。庶民には手が届かない高嶺の花。

遊郭あるある

社会勉強のために父親が息子を遊郭へ行かせようとする

太夫《たゆう》とは

美貌と教養を兼ね備えた最高位の遊女に与えられた称号。高尾太夫もそのひとりで、主に上流階級が相手。江戸・吉原では、一般的に「花魁」と呼ばれます。

花魁道中《おいらんどうちゅう》とは

美しく着飾った花魁が若い遊女たちを従えて、馴染み客を迎えに行くこと。そのきらびやかな光景を一目見ようと、いつも黒山の人だかりができたそうです。

花魁とお客さんの間を取り持つ
遊郭を仕切るスタッフ

若《わか》い衆《し(しゅう)》

若い男性全般を指しますが、遊郭で働く男性の役職名でもあります。客の呼び込みをしたり、座敷を取り仕切ったり、仕事は多岐にわたります。

世間知らずのおぼっちゃま
大旦那には頭が上がらない…

若旦那《わかだんな》

典型的なボンボン。例外はあるものの、たいていは「酒・博打・女性」の三道楽にうつつをぬかす放蕩者として描かれています。

「よっ！旦那！」お調子者の声で
その場を盛り上げるプロ

幇間持《たいこも》ち

宴会やお座敷で歌や踊りなどの芸を披露し、場を盛り上げるプロ。「一八」はその代表的なキャラクターで、「ヨイショ」を連発するお調子者。

お見立て《おみたて》

きせがわ〜
きせがわ〜〜！
杢兵衛《もくべえ》（遊郭の常連）
げっ！
もくべえ！
なんで隠れるんですか？ご指名なのに…
喜瀬川《きせがわ》（花魁）
喜助《きすけ》（若い衆）
きせがわ〜 きせがわ〜〜！
だってあの人結婚しようってしつこいんだもん病気で寝てるとか言って帰ってもらって！
え…えぇ〜
杢兵衛さんこんにちは…
おぉ〜いいところに来た！喜瀬川を呼んでくれ！
喜瀬川なんですが、病気で寝込んでまして…
なにっ！

あらすじ

杢兵衛は花魁の喜瀬川にぞっこんで、吉原に通い詰めている。一方、喜瀬川は杢兵衛のしつこさにうんざり。その日も、杢兵衛がやってくると、喜瀬川は遊郭で働く喜助に「病気で寝込んでいる」と伝えるよう頼む。しかし、杢兵衛は見舞いに行くと言って聞かない。そこで思い切って、喜瀬川は死んでしまったことにする。ところが、今度は墓参りをすると言い出す。喜助は墓地で適当に墓石を選んで、杢兵衛を案内するものの、ごまかしきれない。「墓はどこだ〜！」と問い詰める杢兵衛に、喜助が応じる。「よろしいのをひとつお見立てください」。

そりゃ大変だ！今すぐ見舞いに…
ちょ…ちょっとお待ち下さい！
どの部屋だ
ガッ
あの〜、杢兵衛さんがお見舞いしたいって言ってますが…
絶対イヤ！
もう死んだってことにして帰ってもらって！
そ…そんな〜
お…おぉ…喜瀬川は大丈夫か？
杢兵衛さん…本当のことを言いますと…
喜瀬川は亡くなりました
なんだって〜〜！

主な演者

三代目古今亭志ん朝
六代目春風亭柳橋
桂歌丸

主な登場人物

杢兵衛
喜助
喜瀬川（花魁）

舞台設定

吉原
墓地

き…きせがわー！
亡くなる直前に杢兵衛さんに心配しないでと伝えてほしいと言ってましたよ
ガクッ
なので今日はお帰りください
は…墓はどこだ！墓参りをさせろ～！
そんなわけで墓地に行くことに…
こ…これが喜瀬川の墓です
花で名前を隠した
かわいそうにこんな姿になっちまって…
ちゅっちゅっ
ん？
この墓喜瀬川じゃねぇぞ！
鈴木権兵衛
ヤベッ

聴きどころ

ばかばかしさ満載の滑稽噺ですが、客と花魁の間で右往左往する喜助の大変さも伝わってきます。わがままで勝気な性格の喜瀬川は、『五人廻し』などの演目にも登場する人気の花魁です。金持ちだけど抜けたところのある杢兵衛も、その一途さがかわいく思えてきます。お墓を探すシーンは子どもや軍人の墓など、落語家さんによっていろいろなパターンが楽しめます。

ま…
本当はこれです
間違えました…
お～！
これか～！
こんなに小さく
なっちまって
…ってこれ
犬の墓じゃ
ねぇか！
ポチ
ポチ
いい加減に
しろ～！
喜瀬川の墓は
どこだ～！
え～っと…
キョロ
キョロ
よろしいのをひとつ
お見立てください
※遊郭では、スタッフが客に「お見立てください」と言って声をかける

落語あるある
其の十二
ちょっと
冷やかしに…
男が集まると
何かと
「吉原に繰り出そう」
と言いがち

品川心中
しながわしんじゅう
お金がなくて行事の支度もできない…恥をかくぐらいなら死んでしまったほうがマシだ…
品川の女郎・お染《そめ》
はぁ…
誰か一緒に心中でもしてくれないかな
それならちょっとドラマチックだし
そうだ！貸本屋の金蔵さんならいいかも
…そんなわけでここから飛び込んで一緒に死んでちょうだいあなただけが頼りなのよ
えっ!?
う…うん…そんなに思ってくれていたなら嬉しい気もするし…
早く飛びなよ！
ドンッ
うわぁぁぁあああ
ひぃ！やっぱ怖い！
ブルブル
もう…じれったい男だねぇ
ボチャ〜ン

あらすじ

女郎（遊女）のお染は、お披露目のイベント費用が準備できないのを恥じて、貸本屋の金蔵と心中することに。ところが決行当日、お金の工面ができたため自殺は中止。バカを見たのは、桟橋から海へ突き落とされた金蔵。親方に一部始終を話し、仕返しを計画。金蔵が幽霊になったように見せかけ、親方はお染に出家して供養することを勧める。ニセの位牌を見せられたお染は、恐ろしさのあまり剃髪。そこで、金蔵本人が登場して、種明かし。「お前が男を釣るから魚籠に（比丘尼）されたんだよ！」。なお、この噺は心中騒動までの前半で終了することが多い。

お染さ〜〜〜〜ん
んっ？あれはお店のスタッフ
金蔵さん、ごめんなさいね〜
あたしもそのうち後を追いますから
たぶん、きっと、いつかそのうち、四〇年後ぐらいに…
お、お染ええええ
バシャバシャ
あれ？
お染さん、お金の準備ができました！だからもう大丈夫です
はぁ…はぁ…
えっ！本当!?
浅い！
金蔵の勤める貸本屋
親方…今戻りました
わぁ！どうしたんだその格好？
実は、………………てなことがありまして…
そいつはひどいな
よし…
そのお染ってやつに復讐してやろうぜ！

主な演者

五代目古今亭志ん生
六代目三遊亭圓生
三代目古今亭志ん朝
柳家さん喬

主な登場人物

お染
金蔵
親方
（遊郭のスタッフ）
（金蔵の弟に扮した子分）

舞台設定

遊郭（品川）
貸本屋

お染のいる店
あら！金蔵さん！無事だったの!?心配してたのよ～（してない）
ま…まあゆっくり休んでいってちょうだい
ごめんください
はい
あっしは金蔵の親方でございます
金蔵の弟です
この部屋に…あらっ！いない!!
実は金蔵が亡くなりましたので馴染みのあなた様にも通夜にお越しいただきたいと思いまして
えっ金蔵さんならさっき来ましたけど…
?
スッ…
どこに行ったのかしら…？

海に突き落とされた金蔵が貸本屋に戻る部分までの前半と、お染に仕返しをする後半のパートに分かれています。六代目三遊亭圓生などが全編を演じていますが、とても長い噺なので前半だけ演じられることが多いようです。漫画では省略していますが、金蔵がお染と心中を決心し、そのことを親方に相談に行くシーンなども面白く、聴きどころのひとつです。

聴きどころ

お染さん！こんなところに金蔵の位牌が！
死んだのにお染さんに未練があるから幽霊になってここに来たんだろうな…
ゾ！
お染さん！今すぐ頭を丸めて出家するんだ！そうしないと金蔵に取り憑かれますぞ！
ひぃぃぃぃぃ
さあ急いで出家だ！あっしが頭を剃ってあげましょう
ジョリジョリ
お、お願いします！
南無阿弥陀仏
南無阿弥陀仏…
ははは！いい気味だな！
ガラッ
えっ!?
何これ？
一体どういうことなのよ！
ヒヒヒヒ
お前が男を釣るから魚篭に（比丘尼《びくに》）されたんだよ！
けっこう似合ってるぞ
※釣る…だますこと
魚篭（びく）…釣った魚を入れるカゴ
比丘尼（びくに）…出家した女性、あま

落語あるある
其の十三

もう死んじまおう…

登場人物がけっこう簡単に「死ぬ」とか言い出す

錦の袈裟

にしきのけさ

隣町のやつらが吉原で派手な格好して踊ったって評判だぞ
ドドン
ドドン
緋縮緬《ひぢりめん》の長襦袢《ながじゅばん》
しかもオレたちの町のやつにはこんなことできないだろうと悪口を言ったらしい
なんだって!
質屋で良い感じの錦を見つけたからオレたちは錦のふんどしつけて吉原に繰り出そうぜ!
与太郎、すまないがお前のふんどしが足りないから自分で調達してくれ
うん、おかみさんに聞いてみる
…ってことなんだけど錦のふんどしないかい?
そんなのあるわけないでしょ!
ええ〜困ったなぁ
じゃあ和尚さんに袈裟を借りてふんどしにすれば?
袈裟の素材って錦でしょ?

あらすじ

町内の若い衆が、吉原へ繰り出す相談をしている。前夜、派手な踊りで評判になった隣町の連中を見返そうと、揃いの錦のふんどしで裸踊りをする計画。ただ、与太郎の分が足りない。そこで、和尚に「お祓い」のためにと頼み込んで、錦の袈裟を借りることに。その晩、一行がふんどし姿になると、与太郎は一躍ヒーロー。遊女たちは、豪華なふんどしを締めた与太郎を見て、「お殿様にちがいない」と思い込む。「今朝は帰しませんよ!」と、与太郎に言い寄る遊女。が、そのささやき声で、与太郎は我に返る。「袈裟を返さないと、お寺で大変なことになる!」。

与太郎は「親戚に狐がついたのでお祓いをする」と嘘をついて寺で袈裟を借りた
必ず明日の朝までに返しておくれよ
お〜い！みんな〜
な、なんだ？
お前すごいな！
よくそんな豪華なやつを手に入れたな！
その夜、ふんどしの効果で与太郎は吉原でモテモテになった
ドドン
ドドン
ドドン
何あの豪華なふんどし！
きっとお殿様にちがいないわ！
ダメです！今朝《けさ》は帰しませんよ！
えっ？
翌朝…
お〜い与太郎もう帰るぞ〜
ちくしょうお前だけモテやがって…
うん、帰ろう帰ろう
袈裟（今朝）は返（帰）さない？
大変だ！お寺をしくじる！
※和尚さんに袈裟を返さないとお寺がおおごとになる

いつも周りに迷惑をかけるキャラで登場する「与太郎」がヒーローになる噺。与太郎の豪華絢爛なふんどしを見た遊女たちが、よくわからない理屈で殿様だと勘違いしていく様子は聴きどころのひとつ。モテモテの与太郎に対して、家来だと思われた若い衆が遊女から冷たくあしらわれるところも面白い。与太郎に女房（おかみさん）がいる設定の噺はとても珍しいです。

聴きどころ

明烏《あけがらす》

せがれの時次郎は堅物でイカン
吉原の遊郭に連れて行ってくれ
へい
近所の遊び人
お稲荷さんにお籠りに行きましょう
時次郎
※お籠り…泊まりがけで神社などで祈願すること
ほら！ 鳥居が見えてきましたよ
ずいぶん変わった鳥居ですね
さあ、つきました
えっ？
ここって…遊郭じゃありませんか!?
帰ります！
ダ…ダメですよ！
さっき鳥居があったでしょう？
あれは「大門《おおもん》」っていって見張りがいるんですよ
連れを置いて出て行くとヒドい目にあわされるんですよ！
そ、そうそう！
三人で入ったら三人で出ないといけないルールなんですよ
口から出まかせ

あらすじ

大店の後継ぎである時次郎は、異常なまでの堅物。父親の半兵衛は、源兵衛と太助という２人の遊び人に引率を頼んで、時次郎に遊郭での遊びを体験させる。本人には泊まりがけの参詣（お稲荷さんにお籠り）とごまかして、吉原へ繰り出すことに。鳥居をくぐり、途中で引き返そうとする時次郎だが、「連れを置いて出て行くとヒドい目にあう」と脅されて、部屋に納まる。翌朝、源兵衛と太助は、時次郎を起こしに部屋を訪ねる。しかし、寝床から出ようとしない。しかたなく、時次郎を残して帰ろうとすると、「大門でヒドい目にあわされますよ！」と、何やら弾んだ声。

さあさあ！楽しまないと！
ははははは
翌朝…
おい、あの後どうだった？
全然ダメ…すっかりフラれちまったよ
オレも…
お〜い！そろそろ帰りますぜ〜
ドン
ドン
イヤです
はっ？
わたしは帰りませんよ
あれだけ嫌がってたくせに…すっかりハマってるよ
もうほっといて帰っちまおうぜ
ちょっと！
あなた方、先に帰れるものなら帰ってごらん
大門でヒドい目にあわされますよ！
三人で入ったら三人で出ないといけないルールですよ！

ピュアで堅物な時次郎を言葉巧みに遊郭まで連れて行く、2人の遊び人のやり口が面白い。時次郎はすっかりよい思いをしたが、遊び人たちは遊女にフラれてしまう。遊郭では遊女から気に入られないと、ほったらかしにされることもあったそう。演目名の『明烏』とは、明け方にカアカア鳴くカラスのことで、一夜を共にした男女を引き裂く存在という意味だとか。

聴きどころ

江戸時代の遊郭「吉原」

吉原は江戸幕府によって公認された遊廓。大坂（大阪）の新町、京都の島原とともに、三大遊廓として賑わいました。もともとは、日本橋人形町辺りにありましたが、明暦の大火（1657年）で焼失後、浅草の北に移転。なお、公認の遊郭のほかに、宿場町や門前町では私娼街が形成され、「岡場所」と呼ばれていました。

壁に囲まれた特別な一帯。大門《おおもん》をくぐった先に …

「廓（くるわ）」とも称される吉原は、塀で囲まれ、外部と遮断された空間。出入口は正面の大門1カ所で、遊女の逃亡を監視したり、犯罪人を探索したりする番所がありました。大門をくぐると別世界。まっすぐメインストリートが延び、両脇に茶屋が並びます。客は遊女がいる「妓楼（ぎろう）」に向かう前、そこで酒食を楽しみます。

お好みの遊女を「お見立て」したら、いざお座敷へ …

妓楼の１階、道路に面した格子付きの部屋に遊女が待機し、客は格子越しにお気に入りの相手を選びます。これを「見立て」といいます。馴染みの娘がいる場合は、入口の暖簾をくぐるとすぐ２階の座敷へ案内してくれます。

客が座敷で待っていると、お相手がやってきます。初対面では、いわゆる「やり手婆さん」が同席し、最初の盃を交わします。その後、別の座敷で芸者や幇間持ちを呼んで宴会を開くことも。そして「床入り」。ベッドインですね。

落語に登場する職業②

お店《だな》

店を構えた商家。表通りに面した店舗（大店）の裏には住居があり、主人の家族のほかに、奉公人が住み込んでいました。掃除や雑用をこなす丁稚（小僧）、丁稚奉公を終えて集金などを任される手代、帳簿を預かり、店の切り盛りをする番頭が寝食を共にしていたのです（一部の番頭は自宅通いが認められていた）。

元結屋《もとゆいや》

ちょんまげを結うのに欠かせないのが元結屋。束ねた髪を縛る髪ひもを「元結」といい、その製造・販売を担っていました。元結は、のし袋の水引きと同様に和紙を撚ってつくりますが、感覚的にはヘアピンですね。

紺屋《こうや》

染物屋。もともとは「紺掻き」と呼ばれた藍染専門の職人のことでしたが、藍染が流行した江戸時代に染物屋全般を指すように。紺屋が集まる地域も生まれ、「神田紺屋町」など今でも名前が残っているところも。

文七元結《ぶんしちもっとい》

あんた！お久《ひさ》（娘）がいなくなっちまったよ
えっ！
長兵衛《ちょうべえ》
まあ、あいつも年ごろだからなぁ…
バカッ！貧乏暮らしがイヤで出て行ったんだよ！あんたギャンブルしてばっかりだし
な、なんだと～
なによ！ギャンブルで負けて着る物もないくせに！
ごめんください
あっしは吉原の佐野槌《さのづち》（遊郭）の者ですが…娘さんをウチで預かっていますので来てください
この子はねぇ自分からここにやってきたんだよ
あなたがギャンブルをやめて更生する資金を稼ぎにね…
佐野槌《さのづち》の女将《おかみ》
妻の服を借りた
ここに五十両あります
この金を元手にマジメに働きなさい

あらすじ

左官の長兵衛は腕がいい職人だが、無類の博打好きで貧乏暮らしを続けている。年末も押し迫ったある日、娘のお久は自ら吉原の遊郭に身売りを申し出る。女将は長兵衛に説教したうえで、1年を期限に50両を貸す。改心する長兵衛だが、その帰り道、集金した50両を盗まれて身投げしようとする男（近江屋の奉公人・文七）に出くわす。長兵衛は懐の50両を男に渡す。ところが、盗まれたというのは勘違い。翌日、近江屋の主人が50両を返却しに長兵衛を訪れ、身請けしたお久も連れてくる。のちに文七とお久は結婚し、自分たちの店も出す。

働いて稼げるようになったら五十両を返しに来なさい
そうしたらこの子を返します
もし来年の大晦日までに返せなかったら…
わたしも鬼になってこの子にも客を取ってもらうからね
今は雑用させてるから
ちくしょう…情けねえぜ…
これからはマジメに働こう…
ん？
えっ！じ、自殺!?
吾妻橋
バカッ！何してんだ！
離してください！
近江屋《おうみや》の文七《ぶんしち》
集金したお店の五十両を盗まれてしまったんです…もう死ぬしかありません…

主な演者

六代目三遊亭圓生
三代目古今亭志ん朝
十代目柳家小三治
立川談春

主な登場人物

長兵衛
長兵衛の女房
遊郭の女将
文七（近江屋の奉公人）
近江屋の主人

舞台設定

長屋（長兵衛宅）
吉原
吾妻橋
近江屋

ここに五十両ある…これお前にやるから死ぬなんて言うな！
えっ！そんなお金急に受け取れません！
いいんだ！この金は娘が吉原に身売りしてつくってくれたお金だが…
この金がなくなっても娘は死にはしない
でもお前はこれがないと死んでしまうんだろ？いいから受け取れ！
ダッ
じゃあな！
文七が近江屋に戻ると…
おい文七、お前集金したお金を取引先に忘れてきてたみたいだぞ
えっ!? 盗まれたかと思っていました！
近江屋の旦那
その金はどうしたんだ？
じ、実は…

三遊亭円朝が創作した人情噺の大名作。長兵衛を助けようとする娘、長兵衛を更生させようとチャンスを与える女将、文七を助けようと大切なお金をあげてしまう長兵衛、長兵衛一家を助けようと娘を身請けした近江屋の主人──、登場人物たちの〝粋〟な行動から江戸っ子の気質を知ることができます。長い噺で登場人物も多く、演じるのが非常に難しいとされる演目です。

聴きどころ

なるほど…いい人がいるもんだな…吉原に身売りした娘の父親なんだな
吉原でその娘を探して父親に金を返しに行くぞ
そして無事、長兵衛の家を探し出し…
実は…あのお金は忘れただけだったので五十両を返しに来ました…
は!?
なんだそりゃ～!
それは一度渡した金だ返してもらうわけにはいかねぇ!
まあそう言わずにお受け取りください
それと…あなたの心意気に感心しましたので娘さんを身請けして連れてきました
えっ!
※身請け…お金を払って遊女などの仕事から身を引かせること
よかった～
その後、文七と娘はめでたく結婚することに。
髪を結うときなどに使う紙紐〝元結〟の店を出し、大繁盛しました。

落語あるある 其の十四
これ使え!
貧乏なくせに妙に気前がよかったりする

紺屋高尾
こうやたかお
このところ何も手につかなくて…
ふむ…
医者
染物屋の職人 久蔵《きゅうぞう》
お前さんもしかしたら恋煩《こいわずら》いじゃないのか？
ギクッ
じ…実は先日花魁道中で見た高尾太夫《たかおだゆう》に惚れちまいまして…
でも、とても手が届かない存在なのでこの高尾太夫を描いた絵を眺めるしかできず…
三年ぐらい仕事をがんばって貯めればなんとかなるだろう？
三年か…
なるほどな…しかし十両出せば店で会うことができるぞ
えっ十両!? そんな大金

あらすじ

まじめ一途の染物職人・久蔵が、恋煩いで寝込んでいる。花魁道中で見た高尾太夫に一目惚れしたが、所詮は高嶺の花。医者は久蔵を元気づけるため、「3年間しっかり働いて、10両貯めたら高尾大夫に会える」と伝える。そして3年後、それは現実に。久蔵は富豪を装って盃を交わす。翌朝、高尾太夫から「今度はいつ来てくれますか？」と尋ねられ、真実を明かす久蔵。一方、高尾太夫は久蔵のひたむきさに感激して、年季明けの嫁入りを申し入れる。はたして翌年の2月、高尾太夫は久蔵が待つ裏長屋に。のちに2人は店を出して大いに繁盛。

よ～し！がんばって貯めるぞ～！
もし貯めることができたらわたしが店に連れていってあげよう
ビシッ
仕事に精を出せばそのうち花魁のことは忘れるだろう
そして三年後…
先生！貯めましたよ～
えっ？
ホントに貯めたのか
高尾太夫は人気の花魁だお前はお大尽ってことにして店に紹介してやろう
※大尽（だいじん）…富豪、お金持ち
失礼します
来たっ…！
ドキドキ

主な演者

六代目三遊亭圓生
五代目三遊亭圓楽
春風亭小朝
立川志の輔

主な登場人物

久蔵
医者
高尾太夫

舞台設定

吉原
紺屋

ようこそ
ドキドキ
どうぞ
ポワ～ン
夢のようだ…
そして翌朝…
今度はいつ来てくれますか?
えっ…
うっ…うううう
えっ?どうしたのですか?
実は…
お大尽なんてのはウソで染物屋の職人なんです…

ピュアな恋愛物語。久蔵が高尾太夫に嘘をついていたことを告白するシーンには、思わずキュンとしてしまいます。この後も幸せに暮らしていそうな、2人のハッピーエンドな結末にもほっこり。高尾太夫は実在した遊女の源氏名で、吉原で最も位が高く、庶民にはとても手が届かない高嶺の花。落語に登場する代々の高尾太夫は、情に厚い誠実な美女が多いようです。

聴きどころ

あなたに会いたくて三年間お金を貯めて来たんです だから今度来られるのはまた三年後です
そんなにまでわたしのことを思ってくれてたなんて…
来年の二月に年季が明けます
そのときに女房にもらってくれませんか?
ええっ!
そして翌年の二月…
あっ!
ほ、本当に来てくれたのか…!
その後、二人は結婚して店を出しました
その店は高尾の人気ぶりもあって、大いに繁盛したのでした

※年季が明ける…遊郭の仕事を卒業すること

落語あるある 其の十五
んぐ んぐ んぐ んぐ
ゴクリ…
落語家さんがお酒をものすごく美味そうに飲む

死神《しにがみ》

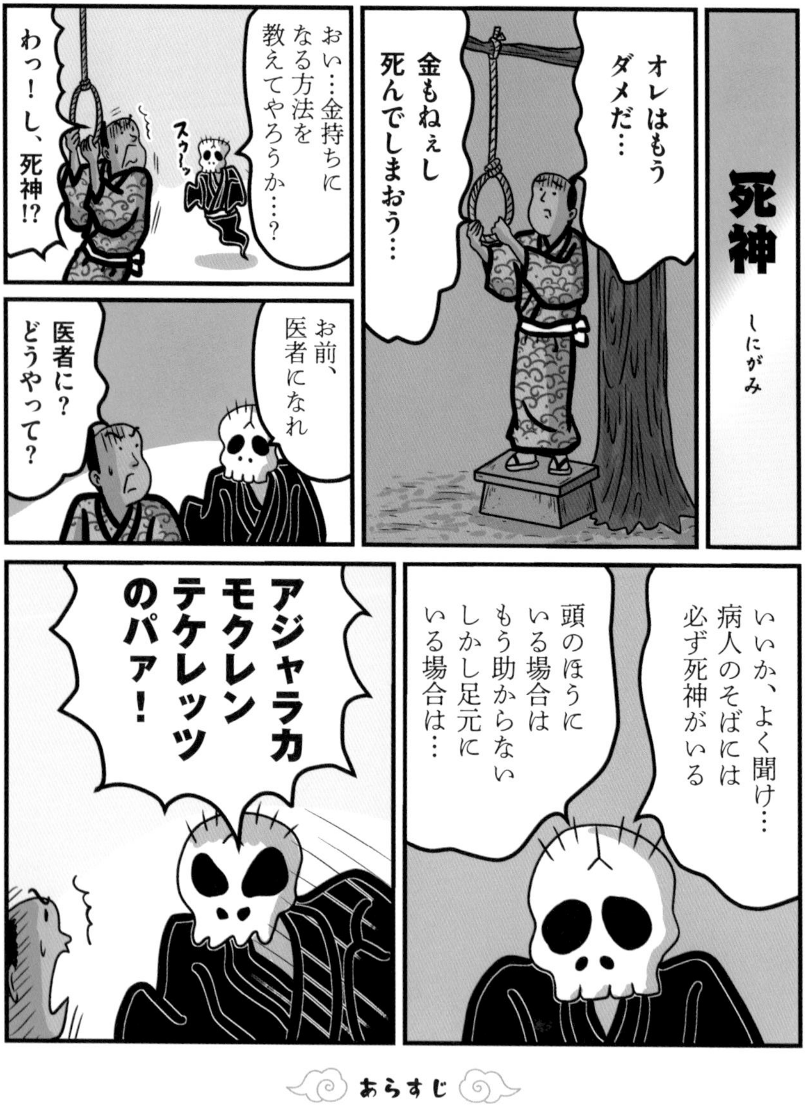
オレはもうダメだ…
金もねぇし死んでしまおう…
おい…金持ちになる方法を教えてやろうか…?
スゥ〜ッ
わっ! し、死神!?
お前、医者になれ
医者に? どうやって?
いいか、よく聞け… 病人のそばには必ず死神がいる
頭のほうにいる場合はもう助からない しかし足元にいる場合は…
アジャラカモクレンテケレッツのパァ!

あらすじ

借金で首が回らなくなった男が、自殺しようとしている。そこに死神があらわれ、医者になることを勧める。そして「患者の枕元に死神がいる場合は助からない。足元にいる場合は、呪文を唱えれば助かる」などと教える。男は言われたとおりに医者になり、富と名声を得る。ある日、枕元に死神がいる患者を強引に助ける。すると、死神が男を洞窟に連れて行き、今にも燃え尽きそうなロウソクを指さして言う。「これがお前の寿命。新しいローソクに火を移さなければ、命の炎も消える」。男はやっとのことで火を移すが、安堵のため息で消してしまう。

…と、呪文を唱えるのだ
そうすると死神は消え、病人はすぐに元気になる
男は死神に言われたとおり医者になった
呪文であっという間に病気を治すので、やがて名医といわれるようになった
テケレッツのパァ!
ははは!もうかってもうかってしかたがない!
先生ステキ
しかし、あるときから頭のほうにばかり死神がいるようになった
くそっ!これでは治せないぞ…
残念ですがこの人はもう助かりません
そ…そんな

主な演者

六代目三遊亭圓生
十代目柳家小三治
立川談志
立川志の輔

主な登場人物

男
死神

舞台設定

自宅
洞窟

もし治していただけるのでしたら一万両お支払いします！どうかお願いします！
一万両!?
今まで稼いだ金も使い果たしたしなんとか手に入れたい…！
ん…？ 死神のやつウトウトしてやがる…
そうだ！
なるべく力の強い男を四人集めてください
は、はい…
いいか、オレが合図を出したらこの布団の枕元と足元を逆にひっくり返すんだ！

近代落語の祖とされる三遊亭円朝の作で、落語の中で一二を争う有名な演目。オチには、自分で火を消してしまう、勝手に消えてしまう、実は夢だったというパターンなど、いろいろなバージョンがあります。死神を消すための呪文も落語家さんによって違うので、聴き比べるのもオススメ。実は元ネタはグリム童話なのだとか。怖さと面白さが同居した不思議な噺です。

聴きどころ

死神が寝た！
スヤァ…
今だっ！
よしっ！これで死神は足元だ！
スヤ
スヤ
くるっ
くるっ
アジャラカモクレンテケレッツのパァ！
スゥッ……
消えた！せ、成功だ！

CD
ビクター落語 六代目 三遊亭圓生
(4) 花筏／やかん／死神
(日本伝統文化振興財団)

この演目はこの名人がオススメ！

六代目三遊亭圓生が演じると、死神が本当に実在するのではと錯覚するほど。滑稽さと不気味さが入り混じった世界観で、30 分近くの上演時間があっという間です。

素材提供：日本伝統文化振興財団

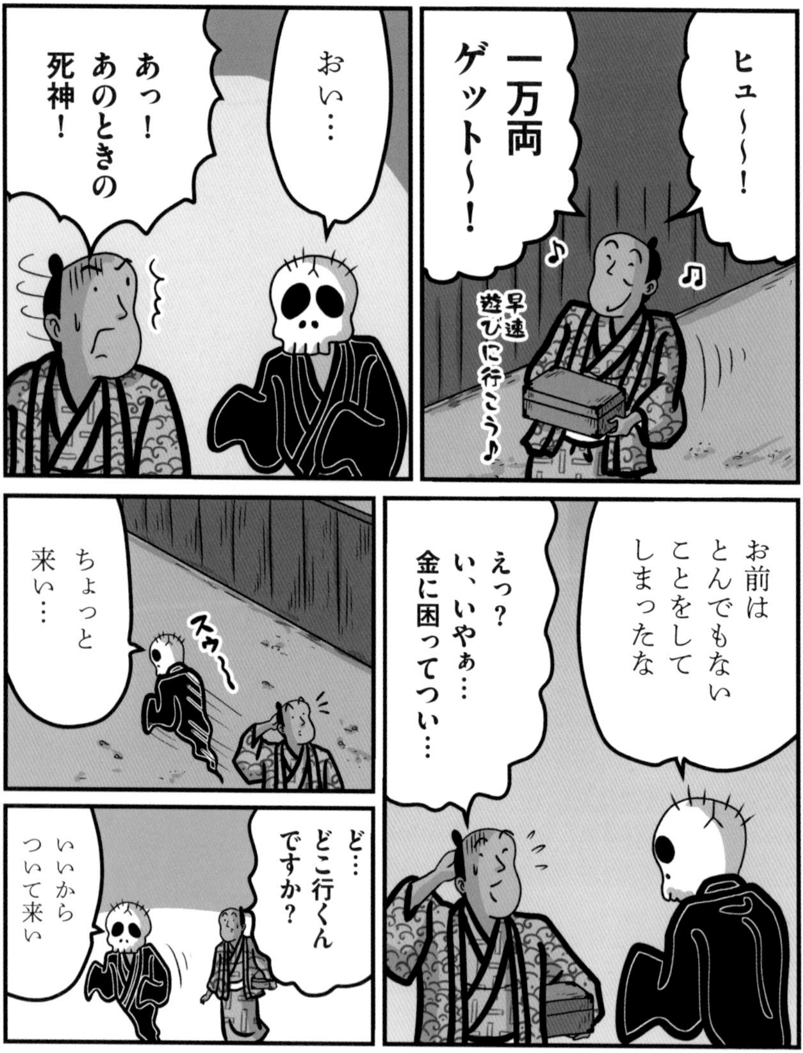
ヒュ〜〜〜！
一万両ゲット〜！
早速遊びに行こう♪
おい…
あっ！あのときの死神！
お前はとんでもないことをしてしまったな
えっ？い、いやぁ…金に困ってつい…
ちょっと来い…
スゥ〜
ど…どこ行くんですか？
いいからついて来い

ミニコラム

「寄席」ってどんなところ？ 其の一

東京都内５カ所のほか、全国４カ所で年中開演

落語初心者でも気軽にライブで落語を聴ける場所のひとつに寄席があります。〝寄席〟とは、365 日ほぼ年中無休でいろいろな演芸を楽しめる興行場のことです。東京には、新宿末廣亭、浅草演芸ホールなど５カ所があり、大阪、名古屋、仙台、神戸にも各１カ所常設の寄席があります。

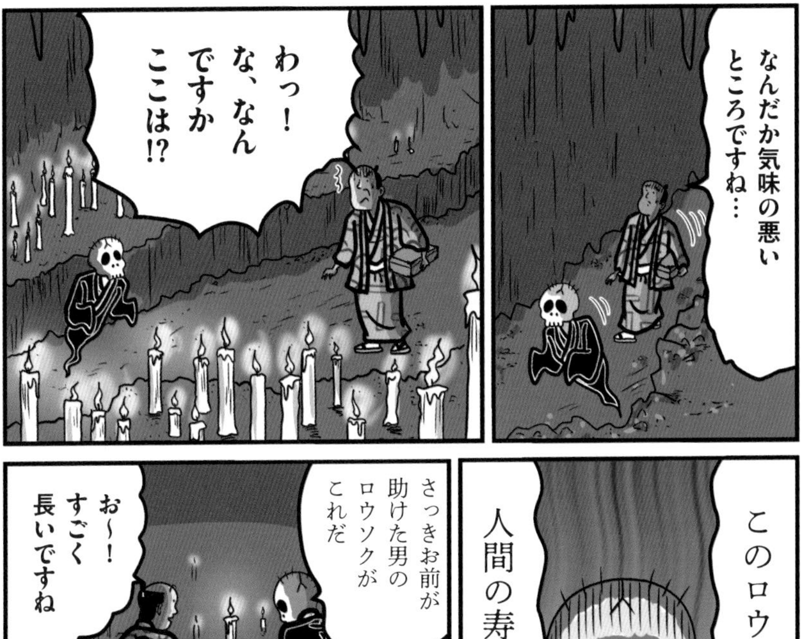
なんだかウ気味の悪いところですね…
わっ！な、なんですかここは!?
このロウソクは人間の寿命だ
さっきお前が助けた男のロウソクがこれだ
お～！すごく長いですね
そしてコレがお前のロウソクだ
えっ!?今にも消えそうじゃないですか！

「寄席」ってどんなところ？ 其の二

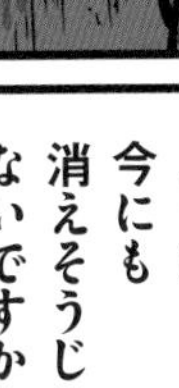

基本は当日券、一日中楽しめる！

１日に「昼の部」と「夜の部」の２回公演があります。昼と夜とでは番組（プログラム）が異なりますので、「昼夜入替なし」の場合には、一日中たっぷりと寄席を楽しむことができます。寄席は、基本的に当日券のみなので、思い立ったときにすぐ行けるという気楽さも嬉しいですね。

そうだ…
お前が助けた男とお前の寿命は入れ替わったんだ
あんなことをしたからな…
そ、そんな…
オレは死んでしまうのか!?
助けてほしいか？
ああ！
助けてくれ！
よし…
この新しいロウソクにお前のロウソクから火を移すのだ
そうすると
これがお前の寿命になる
早くしないと消えるぞ
わ…わかった！

「寄席」ってどんなところ？ 其の三

バラエティ豊かなプログラム、季節ごとの見所も

寄席の番組（プログラム）は、バラエティ豊かです。上演数が多いのは落語ですが、落語の合間には、講談、漫才、奇術、曲芸など、〝色物〟と呼ばれる多様な芸も堪能できます。番組は10日ごとに入れ替わり、正月の顔見世興行、春・秋頃の真打昇進披露公演など季節ごとの見所も！

怖いのか?
ずいぶん
震えているな
そんなに震えると
火が消えるぞ
ハア…
ハア…
ブルブル
しっ、静かに
してくれっ!
ハア
ハア
やった…!
た…
助かった!
ホッ
ヘッ…
ドタリ

「寄席」以外でも楽しめる!「ホール落語」とは

寄席が近所になくても、生で聴ける落語はいろいろ

寄席以外に、落語をライブで楽しみたい場合、コンサートホールや公共ホールなどで行われる「ホール落語」に行くのがオススメです。1人の落語家が単独で行う独演会、師匠と弟子が行う親子会、複数の落語家による2人会・3人会などがあり、目当ての落語家さんをじっくりと堪能できます。

おわりに

以前、仕事の関係で車の移動が多い時期がありました
音楽聴くのにも飽きてきたな
あるとき、なんとなく立ち寄った本屋のCDコーナーで…
落語か～
ちょっとだけ興味あるけど、どうなんだろう…?
落語
『がまの油』『目黒のさんま』…
このへんのタイトルだけは聞いたことがあるな
『古典落語入門ベスト』
「古典落語入門」って書いてあるし買ってみるか
へぇ～落語ってこんな感じなんだ
その時分の目黒はと申しますと…
わかったようなわからないような感じだな…
スッ…
その後、運転中にたまに聴いたりしていたのですが
車移動の仕事が終わったらほとんど聴かなくなっていました

そして、あるとき古道具屋で…
ラジカセか～懐かしい～
カセットテープはとうの昔に処分したけど
ノリで買ってしまった…
カセットがないからラジオだけ聴いてるけど、音楽聴いたりしたいな～
ネットオークションで探してみよう
カタカタカタ
ん…?
落語のカセットか～
『ききたい落語家ベスト・シリーズ』
なんとなくジャケットも面白いし買ってみるか

そして、届いたカセットを聴いてみると…
あら？この声聴いたことあるぞ…
あっ！前買ったCDと同じ三遊亭圓生って人だ！
このときは知らなかったのですが
三遊亭圓生は、昭和の時代を代表する名人といわれる落語家だったのです
三遊亭圓生の聴きやすさとカセットテープの懐かしさもあって、繰り返し落語を聴くようになっていきました
なるほど〜
落語というのは、何回か聴くとより面白くなるものなんだな
楽しみ方がわかってきた
一回目よくわからなかった部分が
さんまは目黒に限る？
？
なるほど、目黒には海がないのに名物だと思ったのか
二回目聴くと理解できたりして面白いな

そこからは、カセットで落語を聴くことにハマっていきました
やっぱ落語はカセットでしょ
謎のこだわり
有名な演目は全部聴きたいと思い、次々とカセットを購入…
時そば、芝浜、酢豆腐、明烏…
ガチャン
落語家さんの「全集」とかも出てるんだな〜買おう♪
『古典落語大全集 六代目 三遊亭圓生』（全30巻）
すべてスタジオ録音豪華木箱入り！
『ザ・ベリー・ベスト・オブ志ん生』（全12巻）
志ん生の代表的な音源を網羅！
…という具合にカセットをどんどん買っていったら
気づいたときにはすごい数に…
……。
落語は耳だけでも楽しめるからいいな〜
作業しながら聴けるからちょうどいい
これも僕が落語にハマった理由のひとつです
落語家さんの自伝本なども読んでみました
『なめくじ艦隊 志ん生半世紀』古今亭志ん生
『芸の話』林家正蔵

そしてもちろん、生の落語を聴きに行ったりもしてみました
家で聴くのと違って、落語家さんと寄席との一体感が楽しい
落語は聴き始めるとハマるっていうけど、こういうことだったのね…
落語まつり
落語の内容を深く理解するため、イラスト付きでメモしたものをSNSにアップしてみると…
けっこう評判がよく、本格的に漫画にしてみることに
すると、この漫画がきっかけで落語を聴き始めたという嬉しい感想もいただくことができました
やっぱり、落語に興味はあるけど難しそうというイメージを持っている人が多いんだな
少しでも役に立ててよかった

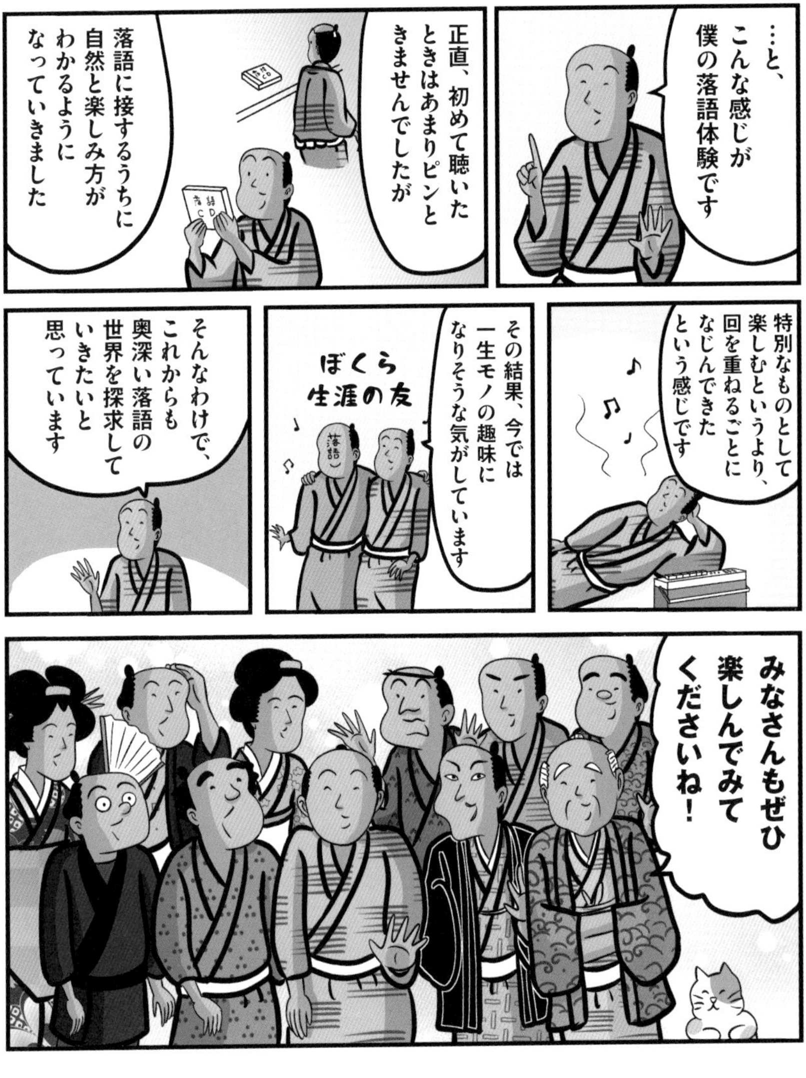
…と、こんな感じが僕の落語体験です
正直、初めて聴いたときはあまりピンときませんでしたが
落語CD
落語に接するうちに自然と楽しみ方がわかるようになっていきました
特別なものとして楽しむというより、回を重ねるごとになじんできたという感じです
その結果、今では一生モノの趣味になりそうな気がしています
ぼくら生涯の友
落語
そんなわけで、これからも奥深い落語の世界を探求していきたいと思っています
みなさんもぜひ楽しんでみてくださいね！

山田全自動
やまだぜんじどう

佐賀藩出身、福岡藩在住のイラストレーター、ウェブデザイナー。江戸時代の町人をモチーフとしたイラスト、およびそれらに添えられたシュールなコメントが特徴。Instagram ほかの SNS が人気を呼び、広告や企業コラボなどの実績多数。ライブドアブログ OF THE YEAR 2020 ベストクリエイター賞受賞。

構成・編集・デザイン　近江聖香 (Plan Link)
編集　近江康生 (Plan Link)
編集協力　脇田健一　ぴよこハウス
企画・進行　廣瀬祐志

【参考文献】
『絵でみる 江戸の町とくらし図鑑』江戸人文研究会（廣済堂出版）
『江戸商売図絵』三谷一馬（中央公論新社）
『江戸庶民のかしこい暮らし術』淡野史良（河出書房新社）
『江戸の仕事図鑑 上巻 食と住まいの仕事』飯田泰子（芙蓉書房出版）
『江戸の仕事図鑑 下巻 遊びと装いの仕事』飯田泰子（芙蓉書房出版）
『江戸の売春』永井義男（河出書房新社）
『なるほど！ 大江戸事典 時代劇・時代小説が 100 倍面白くなる』山本博文（集英社）
『新版 落語手帖』矢野誠一（講談社）
『図解江戸 3 町家と町人の暮らし』平井聖（学習研究社）
『図解江戸 4 江戸庶民の衣食住』竹内誠（学習研究社）
『図解江戸 5 江戸庶民の娯楽』竹内誠（学習研究社）
『ふらりと寄席に行ってみよう』佐藤友美（辰巳出版）
『落語検定 落語を隅々まで楽しむ面白テキスト』池谷伊佐夫（文藝春秋）
『落語登場人物辞典』高橋啓之（東京堂出版）
『からぬけ落語用語事典 落語の「なぜ？」がたちまち分かる』本田久作（パイインターナショナル）
『落語名作 200 席 上・下』京須偕充（KADOKAWA）

山田全自動の落語でござる

2021 年 5 月10日　初版第 1 刷発行
2021 年 6 月20日　初版第 3 刷発行
著者　山田全自動
編集人　廣瀬祐志
発行人　廣瀬和二
発行所　辰巳出版株式会社
〒160-0022 東京都新宿区新宿 2 丁目 15 番 14 号 辰巳ビル
TEL 03-5360-8961(編集部)
03-5360-8064(販売部)
URL http://www.TG-NET.co.jp/

印刷所　三共グラフィック株式会社
製本所　株式会社ブックアート

ISBN978-4-7778-2756-5